이루 말할 수 없는/수만 가지 감사들

이 소중한 책을

특별히 _____님께

드립니다.

이루 말할 수 없는
수만 가지 감사들

옥덕자 원장 지음

나침반

감사는 믿음을 든든히 세우고, 기도를 든든히 세운다

　내 힘으로 되는 것이 없고 내 힘으로 이길 수 없는 것이 현실이다. 그러나 지나간 일도 현재 일도 앞으로의 소망도 다 주님의 은혜다.

　우리가 아무리 은혜와 응답을 받고 큰 복을 받아도 감사가 없으면 툭툭 터지는 실과 같다. 잘 될 때 감사하면 믿음이 더 든든히 세워지고 어려울 때 감사하면 이겨내는 보약이 된다.

　누구나 다 안다고 쉽게 여기고 넘어갈 수 있지만 "감사하라"라는 계명은 엄청난 능력과 축복이 보장되어 있다. 그런데 이것을 가볍게 여기고 실천을 하지 않아 엄청난 비밀과 사랑과 능력, 축복을 흘려보내고 마귀에서 뺏기고 누리지 못하고 살고 있다.

　자신을 다스리지 못하고 문제를 다스리지 못하고 사탄을 다스리지 못해 또 세상과 물질과 가난과 질병과 실패와 시험을 이기지 못하고 다스리지 못해 그토록 방황하고 탄식하며 절규하면서 몸부림쳤다. 아무리 말씀을 읽어도 기도를 해도 찬송을 해도 그때뿐이었다. 그러나 감사를 시작할 때 꽁꽁 닫히고 얼어 붙었던 마음이 열리기 시작했다. 감사를 선포하며 매사에 감사할 때 주님의 음성이 들리기 시작했다. 감사가 없을 때는 심령이 메말랐지만 감사가 터질 때 심령이 물댄동산이 되기 시작했다.

"범사에 감사하라!"

짧은 구절이지만 기적의 위력이 나타난다. 감사로 철저히 나를 이기고, 죄를 이기고, 육의 소욕을 이기고, 인본주의를 이기고, 사탄을 이기게 됨을 체험하며 감사 기도 노트를 쓰기 시작했다. 그것이 기도가 되었다. 그래서 이 감사노트를 책으로 묶어 내가 죽기 전에 자녀들에게 삶의 교훈으로 물려주고 싶었다.

– 옥덕자

목차

머리말 ··· *5*

제1부

1장 **믿고 구한 것은 받은 줄 믿으라** ··· *11*

2장 **작정 기도를 위하여** ··· *25*

3장 **하나님이 보내신 택배** ··· *32*
    예수께서 감당하신 우리의 죗값 ··· *44*
    구원의 소리에 감사 ··· *47*

4장 **죄 때문에 갈 길을 모를 때** ··· *54*
    돈 때문에 넘어지고··· ··· *58*
    자녀를 통해 나의 거울이 되어 비춰주시니 감사 ··· *61*
    행복이 없고 곤고한 삶 *63*

5장 **감사 잔치** ··· *68*
    찬송이 나의 간절한 감사 기도가 되었으니 감사 ··· *80*

6장 **예수님은 누구신가?** ··· *82*
    성령님의 도우심 ··· *83*

7장 **사춘기 자녀를 바라보며** ··· *93*
    하나님의 말씀을 받을 때 ··· *97*
    아무것도 염려하지 말라 하시니 감사 ··· *101*

8장 **옹졸한 마음을 벗어버리게 하시니 감사** ··· *109*
    영적 교제권을 이루게 하시니 감사 ··· *111*

9장 **불안한 마음을 감사로 이기게 하시니 감사** ··· *119*

　자상하시고 긍휼이 풍성하신 성령님 ··· *130*

10장 **목사님과 교회를 위한 기도** ··· *136*

　예수님 때문에 목사님은··· ··· *142*

　말씀으로 충만케 채우게 됨을 감사 ··· *151*

11장 **나는 주님의 질그릇임에 감사** ··· *157*

　누가 나를 이처럼 보호해 주랴! ··· *165*

제2부

　더디 믿는 자여! 깨닫게 하심을 감사 ··· *173*

　암을 통해 깨달은 주님의 사랑과 은총 ··· *176*

　우리는 부모라는 사명을 받았다 ··· *184*

　종말이 오기 전 서로 뜨겁게 사랑하자 ··· *186*

　미스바 대 각성기도 성회를 마치고 ··· *189*

　오! 하나님! 북한을 구원하소서 ··· *191*

　주님! 내가 아니니아이고 삽비라입니다 ··· *192*

　뇌졸중으로 쓰러진 목사님 병문안을 갔다와서 ··· *198*

이 책에 실린 감사 기도는 이렇게 되었음을 고백하는 것이 아니라 '믿고 구한 것은 받은 줄 믿으라'라고 했으니 구하는 것마다 응답하심을 믿고 감사하는 기도다. 이렇게 되기를 간절히 구하는 기도는 이렇게 해주실 줄 알고 미리 감사 고백하는 기도다.

제1부

1장

믿고 구한 것은 받은 줄 믿으라

"오직 믿음으로 구하고 조금도 의심하지 말라 의심하는 자는 마치 바람에 밀려 요동하는 바다 물결 같으니 이런 사람은 무엇이든지 주께 얻기를 생각하지 말라"(약 1:6,7)

● 선을 행치 아니하면 죄가 문에 엎드린다 했는데 날마다 시간마다 분초마다 주님 부르시는 그날까지 선을 행하는 자가 되게 하시니 감사. ● 날마다 시간마다 분초마다 주님 부르시는 그날까지 죄를 다스리는 자가 되게 하셨으니 너무너무 감사.

● 예수님 때문에 우리 자녀들은 세상 사람들의 아름다움을 보고 자기들이 좋아하는 사람을 배필로 삼지 않으니 감사. ● 예수님 때문에 우리 자녀들은 하나님의 신실한 믿음의 가문으로 온유하고 겸손하여 말씀과 기도로 깨어있고, 지혜롭고 담대하고 유덕한 배필을 만나게 하시니 감사. ● 예수님 때문에

우리 자녀들의 연약과 부족과 문제를 느낄 때마다 불쌍히 여기며 눈물로 기도하며 축복하며 세워나가는 배필들을 만나게 하시니 감사. ●예수님 때문에 저들뿐 아니라 부모 형제 특별히 시댁 친정 부모 형제의 연약, 부족, 문제를 느낄 때마다 불쌍히 여기며 눈물로 기도하며 사랑하며 세워나가는 배필들을 만나게 하시니 감사.

●예수님 때문에 자녀들의 부부는 늘 주안에서 한마음 한뜻이 되어 또 온 형제와 배우자들과 서로 세워 가며 서로 축복하며 서로 긍휼히 여기며 서로 사랑하며 화평과 화목으로 충만케 하시니 감사. ●예수님 때문에 우리 자녀들은 하나님께 은혜 입은 자 되었으니 감사. ●예수님 때문에 날마다 시간마다 분초마다 주님 부르시는 그날까지 주님의 은혜 가운데 거하는 자 되었으니 너무너무 감사.

●예수님 때문에 우리 자녀들은 의인이 되었으니 감사. ●예수님 때문에 온전한 자 되었으니 감사. ●예수님 때문에 우리 자녀들은 하나님과 동행하는 자 되었으니 감사. ●예수님 때문에 우리 자녀들은 하나님 앞에 패괴한 자가 아니니 감사. ●예수님 때문에 강포하는 자가 아니니 감사. ●예수님 때문에 이런 것들은 우리 자녀들과 전혀 상관이 없으니 너무너무 감사. ●예수님 때문에 우리 자녀들은 생육하고, 번성하고, 땅에 충만한 자 되었으니 감사. ●예수님 때문에 땅의 모든 짐승

과 공중의 모든 새와 땅에 기는 모든 것과 바다의 모든 고기들이 자녀들의 손에 붙였음을 감사. ●예수님 때문에 산 동물은 우리의 식물이 되었음을 감사.

●이상 중에 하나님 음성을 듣게 하시니 감사. ●하나님이 나에게 두려워 말라 하시니 감사. ●하나님은 나의 방패요 지극히 큰 상급이시니 감사. ●하나님이 이 땅을 나에게 주어 기업을 삼게 하려고 나를 세상에서 이끌어내신 하나님이시니 너무너무 감사. ●하나님 약속을 끝까지 부여잡고 기다리는 자가 되었으니 감사. ●하나님 약속을 기다리지 못하고 조급해하는 자가 아니니 너무너무 감사. ●인간적인 방법과 수단을 쓰는 자가 아니니 너무너무 감사.

●예수님 때문에 나는 하나님 뜻을, 하나님 약속을, 하나님의 응답을 기다리지 못하는 자가 아니니 너무너무 감사. ●예수님 때문에 나는 남편을 하나님께서 기뻐하시는 길과 하나님 뜻대로 인도하고 세워나가는 지혜로운 아내가 되었으니 너무너무 감사. ●예수님 때문에 현숙한 여인이 되었으니 너무너무 감사. ●예수님 때문에 유덕한 여인이 되었으니 너무너무 감사. ●예수님 때문에 나는 남편을 축복의 근원으로 세워나가는 자 되었으니 너무너무 감사. ●예수님 때문에 나는 남편의 연약과 부족과 문제를 보고 느낄 때마다 눈물로 기도하며 채우고 세워나가는 자 되었으니 너무너무 감사.

●예수님 때문에 육의 방법, 육의 길로 선택한 것은 반드시 가시와 찔림과 고통으로 돌아옴을 깨닫게 하시니 감사. ●예수님 때문에 나는 어떤 일이든 육의 방법을 선택하는 자 전혀 아니니 너무너무 감사. ●예수님 때문에 영의 방법, 하나님의 뜻대로 선택하는 자 되었으니 너무너무 감사. ●예수님 때문에 어떤 일이든 하나님의 뜻을 분별할 수 있는 지혜와 은사를 받았으니 너무너무 감사. ●예수님 때문에 하나님 뜻을 알고 분별했다면 선택하고, 행할 수 있는 믿음을 주시니 너무너무 감사. ●예수님 때문에 감당할 수 있는 능력도 주시니 너무너무 감사.

●예수님 때문에 나는 하갈처럼 축복을 받았다고, 남이 못 가지는 열매를 얻었다고, 은사를 받았다고 윗사람을 멸시하는 자가 아니니 감사. ●예수님 때문에 교만한 자가 아니니 감사. ●예수님 때문에 우월감을 가지는 자가 아니니 감사. ●예수님 때문에 마음을 높은데 두는 자가 아니니 감사. ●예수님 때문에 으스대는 자가 아니니 감사. ●예수님 때문에 자랑하고 뽐내고 우쭐대는 자가 아니니 감사.

●예수님 때문에 나는 은혜를 받을수록 응답을 받을수록 축복을 받을수록 은사를 받을수록 교회가 부흥할수록 잘 되어 갈수록 겸손한 자가 되었으니 감사. ●예수님 때문에 더 깊은 겸손으로 들어가는 자가 되었으니 감사. ●예수님 때문에 낮

아지는 자가 되었으니 감사. ●더 깊이 낮아지는 자 또 낮은 곳에 마음을 두는 자가 되었으니 감사. ●예수님 때문에 나는 나보다 남을 항상 낮게 여기고 존중하는 자가 되었으니 감사. ●예수님 때문에 윗사람에게 복종, 순종하는 자가 되었으니 감사. ●예수님 때문에 남보다 가졌다고 받았다고 누린다고 함부로 말하는 자가 아니니 감사. ●예수님 때문에 자랑하는 자가 아니니 너무너무 감사. ●예수님 때문에 말을 절제할 줄 아는 자가 되었으니 감사. ●예수님 때문에 절제하는 능력이 임하였으니 감사. ●예수님 때문에 말 실수하는 자가 아니니 너무너무 감사. ●예수님 때문에 생각 없이 뜻 없이 분위기 따라 말하는 자가 아니니 감사. ●예수님 때문에 자만한 자가 아니니 너무너무 감사.

●예수님 때문에 전능하신 하나님께서 "하나님 앞에서 행하여 완전하라" 하시니 감사. ●예수님 때문에 나는 하나님 앞에서 완전한 자 되었으니 너무너무 감사. ●예수님 때문에 하나님께서 나에게 "너로 심히 번성케 하리라" 하시니 감사. ●예수님 때문에 나는 심히 번성케 되었으니 너무너무 감사. ●예수님 때문에 "너는 열국의 아비가 될찌라" 말씀하시니 감사. ●예수님 때문에 나는 열국의 아비가 되었으니 감사. ●예수님 때문에 나를 심히 번성케 하시니 감사. ●예수님 때문에 하나님은 나와 내 후손의 영영한 하나님이 되시니 너무너무 감사. ●예수님 때문에 나는 하나님의 언약을 지키고, 나의 후손

도 대대로 지키는 자가 되었으니 너무너무 감사. ●예수님 때문에 나는 열국의 어미가 되었으니 감사. ●예수님 때문에 하나님께서 능치 못한 일이 있겠느냐고 말씀하시니 감사. ●예수님 때문에 나와 나의 자식과 권속은 하나님 도를 지켜 의의 공도를 행하는 자가 되었으니 너무너무 감사.

주여! 내 눈을 열어서 천사의 손길을 보게 하소서.
내 눈을 열어서 하나님의 손길을 보게 하소서.

●나에게 찾아온 하나님을, 천사를 놓치지 않게 하시니 감사. ●또 속히 영접하고 어떻게 행해야 하는지, 섬겨야 하는지의 지혜와 믿음이 충만하게 하시니 너무너무 감사. ●하나님께서 가라사대 "하나님이 하려는 것을 너에게 숨기겠느냐"하시니 감사. ●예수님 때문에 나는 강대한 사람이 되고, 천하 만민이 나를 인하여 복받게 되니 너무너무 감사. ●하나님께서 나로 나의 자식과 권속에게 명하여 하나님의 도를 지켜 의의 공도를 행하게 하려고, 나를 택하셨음을 감사. ●하나님께서 나에게 주님의 약속을 이루려 하시니 너무너무 감사.

●소돔 고모라 성에 의인 10명을 찾으시면 멸하지 아니하리라 하신 하나님께서 죄악이 중대하여 하나님의 노하심과 심판이 있을지라도 그중에 의인 한 명만 있어도 그 성을, 그 가정을, 그 교회를, 그 지역을, 그 나라를 멸하지 않는다면 그 한 명

의 의인의 반열에 설 수 있도록 축복하시니 감사. ●나는 하나님이 찾으시는 의인이 되었으니 감사.

●아브라함도 천사를 알아보고 영접한 것처럼 눈을 열어 천사를 알아보게 하시고, 영접할 수 있도록 하시니 감사.●손님을 영접하고 또 섬길 수 있도록 또 하나님 음성과 하나님의 비밀과 하나님의 계획을 들을 수 있게 하시니 감사. ●손님을 간청하며 내 집에 모시고 와서 섬기며 대접할 수 있도록 하시니 찬송과 영광과 감사.

> "문밖의 무리로 무론 대소하고, 그 눈을 어둡게 하니 그들이 문을 찾느라고 곤비하였더라"(창 19:11)

●위급하고 어려운 문제가 당면할 때 괴롭히는 자를 두려워하는 게 아니라 예수님 이름으로 저들의 눈을 어둡게 명령할 수 있는 지혜가 있으니 감사. ●사람을 통해서도 천사의 음성, 하나님 음성을 알아들을 수 있게 하시니 감사. ●하나님의 음성으로 알았을 때 즉시 순종할 수 있게 하시니 감사. ●하나님의 음성과 천사의 소리를 농담으로 여기는 자가 전혀 아니니 너무너무 감사.

●예수님 때문에 나는 죄악 중에 거하는 자가 아니니 감사. ●예수님 때문에 나는 죄악 중에 거하는 무리와 함께 하는 자

가 아니니 감사. ●예수님 때문에 나는 항상 의인 중에 거하는
자, 복된 자와 거하는 자, 지혜로운 자와 거하는 자가 되었으
니 너무너무 감사. ●죄악 중에 있는 가족을 속히 이끌어내는
자가 되었으니 감사. ●하나님의 인자하심을 더하사 가족들을
죄악 중에서 이끌어 내사 축복된 자리로 인도하심을 감사.

　●"네 소원을 들은즉 너의 말하는 성은 멸하지 아니하리니"
(창 19:21)함과 같이 우리 가족, 이 도성, 나라, 민족, 세계 열방이
멸하지 않고 구원 받기를 위해 기도하는 자 되었으니 너무너
무 감사. ●"하나님 이 소돔성들을 멸하실 때 곧 롯의 거하는
성을 엎으실 때에 아브라함을 생각 하사 롯을 그 엎으시는 중
에서 내어보내셨더라"(창 19:29)라는 말씀을 통해 중보 기도의
위력이 굉장히 중요함을 깨달으니 감사. ●남편, 자녀, 부모,
형제, 일가친척, 교회, 나라, 민족을 위해 기도하게 하시니 감
사. ●예수님 때문에 내가 나이 많아 늙어도 나의 범사에 복을
주시니 감사. ●예수님 때문에 늙어서 나이가 많아질수록 범
사에 복받은 자 되었으니 너무너무 감사.

　●예수님 때문에 우리 자녀를 위해 중보 기도로 지혜롭고
현숙하고 유덕한, 말씀과 기도로 깨어있고, 온유하고 겸손하
며, 영적으로 깨어있는 믿음의 가문의 자녀로서 하나님 앞에
인정받고 사랑받으며 하나님 마음을 시원케 해 드리며 우리
자녀들을 세워나가는 믿음의 신실한 배우자를 위해 주님께서

그 사자를 앞서 보내시사 만나게 하시니 감사.

●내 심령 성전, 가정 성전, 교회 성전은 사람을 위한 것이 아니요, 하나님을 위한 것이니 감사. ●예수님 때문에 하나님 전을 힘을 다해 예비하는 자가 되었으니 감사. ●예수님 때문에 내 마음에 하나님 전을 사모하는 자가 되었으니 감사. ●하나님 전을 위하여 즐거이 드리는 자가 되었으니 너무너무 감사. ●하나님 전을 위하여 성심으로 즐거이 드리는 자가 되었으니 너무너무 감사. ●이로 인하여 기쁨을 이기지 못하는 자가 되었으니 너무너무 감사.

●날마다 시간마다 분초마다 주님 부르시는 그날까지 주님을 송축하는 자가 되었으니 너무너무 감사. ●하나님께서 영원히 송축을 받으시니 너무너무 감사. ●하나님의 광대하심과 권능과 영광과 이김과 위엄이 다 주님께 속하였으니 너무너무 감사. ●천지에 있는 것이 다 주님의 것이니 너무너무 감사. ●주권도 주님께 속하였으니 감사. ●주님은 높으사 만유의 머리가 되심을 감사, 찬양, 영광.

●부와 귀가 주님께로 말미암고 또 주는 만유의 주제가 되사 손에 권세와 능력이 있사오니 모든 자를 크게 하심과 강하게 하심이 주의 손에 있으니 너무너무 감사. ●"나의 하나님이여, 이제 내가 주님께 감사하오며 주님의 영화로운 이름을 찬

양하나이다"라는 기도를 받으시니 너무너무 감사. ●"주님! 내가 무엇이관대 이처럼 즐거운 마음이 있었나이까? 모든 것이 주님께로 말미암았사오니 내가 주님의 손에서 받은 것으로 주님께 드렸을 뿐이니이다"라는 말씀이 나의 고백이 되니 감사.

●즐거운 마음으로 드릴 힘이 있으니 감사. ●주님 앞에서 나는 나그네와 무지한 자요, 세상에 있는 날이 그림자 같아서 머무름이 없으니 감사. ●주님의 거룩한 이름을 위하여 전을 건축하는 자가 되었으니 감사. ●전을 건축하기 위해 미리 저축하는 자가 되었으니 감사. ●또 미리 저축한 모든 것이 다 주님의 손에서 왔사오니 다 주님의 것이니 감사. ●정직한 마음으로 모든 것을 즐거이 드리는 자가 되었으니 너무너무 감사. ●드리고도 기쁨이 심히 넘치는 자가 되었으니 너무너무 감사. ●예수님 때문에 나에게 정성된 마음을 주사 주님의 계명과 법도와 율례를 지켜 이 모든 일을 행하게 하심을 감사. ●자녀들의 심령 성전을 위해, 성전 건축을 위해 예비하는 자가 되었으니 너무너무 감사.

●예수님 때문에 나는 늙도록 부하고 존귀하다가 죽는 자가 되었으니(대상 29:28) 너무너무 감사. ●예수님 때문에 나의 자손이 땅의 티끌같이 많아서 동서남북에 편만하게 되니(창 28:14) 감사. ●땅의 모든 족속이 나와 나의 자손을 인하여 복을

얻게 되니 감사. ●나의 자손이 자자손손 우리 주님 오실 때까지 한 자손도 땅에 떨어지지 않고 믿음의 계보를 이어가는 하나님 나라 백성이 되니 감사. ●나에게 허락한 뜻을 다 이루기까지 나를 떠나지 아니하리라 하시니 감사. ●하나님이 나와 함께 있어 감사. ●하나님께서 나를 통치하시니 감사. ●하나님께서 나에게 능력을 입히시고, 능력으로 띄우셨으므로 나는 견고히 서서 요동치 아니함을 감사. ●보수하시는 하나님께서 나를 보수하시고, 빛을 비춰주시니 감사.

●지존자의 은밀한 곳에 거하는 나는 전능하신 자의 그늘 아래 거하게 되니(시 91:1) 너무너무 감사. ●하나님은 나의 피난처요, 나의 요새시요, 나의 의뢰하는 하나님이시니 감사. ●하나님이 나를 새 사냥꾼의 올무에서와 극한 염병에서도 건지실 것이니 감사. ●하나님이 나를 그 깃으로 덮으시리니 감사. ●내가 하나님 날개 아래 피하리니 감사. ●하나님의 진실함은 방패가 되시니 감사. ●나는 밤에 놀람과 낮에 흐르는 살과 흑암 중에 행하는 염병과 백주에 황폐케 하는 파멸을 두려워 아니하리니 감사. ●천인이 내 곁에서 만인이 내 우편에서 엎드리나 이 재앙이 나에게 가까이 못하리니 감사. ●하나님은 나의 피난처이시고, 지존자로 거처를 삼았으므로 화가 내게 미치지 못함을 감사. ●재앙이 내 장막에 가까이 오지 못하니 감사. ●하나님이 나를 위해 그 사자들을 명하사 나의 모든 길에 나를 지키게 하심을 감사. ●천사들이 그 손으로 나를 붙들

어 발이 돌에 부딪히지 않게 하시니 감사. ●예수님 때문에 나는 사자와 독사를 밟으며 젊은 사자와 뱀을 발로 누르니 감사.

●하나님이 가라사대 "네가 하나님을 사랑한즉 하나님이 너를 건지리라" 하시니 감사. ●"네가 하나님 이름을 안즉 하나님이 너를 높이리라" 하시니 감사. ●"네가 하나님께 간구하리니 하나님이 응답하리라" 하시니 감사.

> 나의 환란 때에 하나님이 나와 함께하여 나를 건지시고,
> 영화롭게 하리라 하시니 감사, 찬양, 영광 받으소서.
> 하나님이 장수함으로 나를 만족케 하시며 하나님의
> 구원으로 보이리라 하시니 감사, 찬양, 영광 받으소서.

●하나님이 주신 자녀들을 편애하는 자가 아니니 감사. ●하나님이 맡겨주신 영적인 자녀인 성도들도 편애하는 자가 아니니 감사. ●자녀들과 성도들 앞에 그 어느 누구도 편애함을 보이지 않으니 감사. ●시기, 질투, 분쟁은 나와 배우자와 자녀와 성도와 상관이 없으니 감사. ●양가 어머니들에게 서로 편애함이 없으니 감사. ●자녀들이 서로 사랑하고, 서로 축복하고, 서로 위로하고, 서로 세워나가는 자가 되었으니 너무너무 감사.

●예수님 때문에 나의 언행심사가 불평하는 자가 아니니 감

사. ●예수님 때문에 나는 언행심사가 감사하는 자 되었으니 감사. ●모든 식구들의 언행심사가 불평하는 자가 전혀 아니니 너무너무 감사. ●범사에 감사하고 기뻐하고 기도하고 사랑하고 축복하고 화목한 자가 되었으니 감사. ●예수님 때문에 나는 형제를 죽이는 자가 아니라 살리는 자 되었으니 너무너무 감사. ●자녀들도 형제를 미워하는 자, 죽이는 자가 아니니 감사. ●시기, 질투 분쟁하는 자가 전혀 아니니 감사. ●예수님 때문에 자녀들은 형제들끼리 서로 사랑하는 자가 되었으니 너무너무 감사. ●서로를 세우고 살리는 자, 축복하는 자, 위로하는 자, 협력하는 자가 되었으니 너무너무 감사. ●가족들이 서로를 죽이는데, 허무는데 마음을 합하는 자가 전혀 아니니 감사. ●가족들이 살리는데, 세우는데, 마음과 뜻과 힘을 합하는 자가 되었으니 너무너무 감사. ●서로가 더 잘 될수록 축복하고 감사하고 칭찬하는 자가 되었으니 너무너무 감사.

●예수님 때문에 나와 남편, 자녀는 악한 일에 동참하는 자가 전혀 아니니 너무너무 감사. ●예수님 때문에 악한 일에 쓰임 받는 자가 전혀 아니니 너무너무 감사. ●예수님 때문에 선한 일에 쓰임 받는 자가 되었으니 너무너무 감사. ●예수님 때문에 나는 하나님에게 감동된 자가 되었으니 너무너무 감사. ●예수님 때문에 꿈을 하나님 뜻대로 바로 정확하게 해석하는 자가 되었으니 감사. ●예수님 때문에 남편도 하나님의 신에 감동된 자로, 꿈과 모든 것을 하나님 뜻대로 바로 정확하게 해

석하는 자가 되었으니 감사. ●예수님 때문에 자녀들도 하나님의 신에 감동된 자가 되어서 꿈과 이상을 바로 정확하게 해석하는 자가 되었으니 감사.

●하나님이 하시고자 하는 일 앞에 미리 준비하는 자가 되었으니 너무너무 감사. ●예수님이 내 인생의 주인 되시니 감사. ●예수님이 내 인생의 주인 되게 살려면 어떻게 해야 하는지 가르쳐 주시니 감사. ●하나님 앞에 모든 것을 드리고 나는 없는 것이니 감사. ●예수님 때문에 나의 생각 나의 주관은 흔적도 없고 오직 내 속에 성령님이 나를 주장하시니 감사. ●날마다 이렇게 살기를 간구하는 자가 되었으니 감사. ●"나는 없습니다"라고 날마다 시간마다 분초마다 고백하는 삶이 되었으니 감사. ●이럴 때 받은 복을 누리는 삶이 되니 감사. ●누리는 삶이 진정 행복한 삶이니 감사.

●작은 재물도 성령으로 아름답게 누릴 때 행복해짐에 감사. ●날마다 시간마다 분초마다 내 속에 모신 성령을 누리는 삶이 되어 가장 복된 삶을 살게 하시니 감사. ●이런 복있는 자의 삶을 살 때 증거가 나타나니 감사.

2장

작정 기도를 위하여

"나의 하나님이 그리스도 예수 안에서 영광 가운데 그 풍성한 대로 너희 모든 쓸 것을 채우시리라"(빌 4:19)

● 예수님 때문에 나를 미워하는 자를 선대하는 자가 되었으니 감사. ● 예수님 때문에 나를 저주하는 자를 축복하는 자가 되었으니 감사. ● 예수님 때문에 나를 모욕하는 자를 위해서 기도하는 자가 되었으니 감사. ● 예수님 때문에 이 뺨치는 자에게 나를 돌아보고 깨달으며 저 뺨도 돌려대는 자가 되었으니 감사. ● 예수님 때문에 나는 없고 성령으로 살아 겉옷을 빼앗는 자에게 속옷도 금하지 않는 자가 되었으니 감사. ● 예수님 때문에 나는 지혜로운 자와 동행하여 지혜를 얻는 자가 되었으니 감사.

● 나에게 구하는 자에게 주는 자가 되었으니 감사. ● 내 것을 가져가는 자에게 다시 달라하지 않는 자가 되었으니 감사.

●대접을 받고자 하는 대로 먼저 남을 대접하는 자가 되었으니 감사. ●이런 성령의 열매가 내 삶 속에 나타나기 위해 날마다 시간마다 분초마다 나를 포기하는 자가 되었으니 감사. ●내가 없어지고 성령으로 사는 자가 되었으니 감사.

미련한 자와 사귀면 해를 받는다고 했다(잠 13:20).

●예수님 때문에 나는 미련한 자와 사귀는 자가 아니니 감사. ●해를 받는 자가 전혀 아니니 감사. ●훈계를 저버리는 자에겐 궁핍과 수욕이 이른다고 했는데 현실 앞에서 궁핍함을, 하나님의 어떤 훈계를 저버리고 있는지 깨닫게 하시니 감사. ●훈계를 잘 듣는 자가 되었으니 너무너무 감사. ●예수님 때문에 나는 악한 자가 아니니 감사. ●재앙에 빠지는 자가 아니니 감사. ●예수님 때문에 충성된 사신이 되어 양약이 되었으니 감사. ●예수님 때문에 나는 슬기로운 자가 되어 지식으로 행하는 자가 되었으니 감사.

●예수님 때문에 나는 미련한 자가 아니니 감사. ●예수님 때문에 미련을 나타내는 자도 아니니 감사. ●예수님 때문에 나는 선한 지혜로 은혜를 베푸는 자가 되었으니 감사. ●예수님 때문에 궤사한 자의 길은 험하다고 했는데 나는 궤사한 자가 아니니 감사. ●지혜 있는 자의 교훈은 생명의 샘이라 하시니 감사. ●예수님 때문에 나는 지혜 있는 자가 되었으니 감사.

●누구를 만나든 생명의 샘으로 인도하는 자가 되었으니 너무 너무 감사. ●사람을 사망의 그물에서 벗어나게 하시니 감사. ●나를 날마다 시간마다 분초마다 사망의 그물에서 벗어나게 하시니 감사.

●말씀을 멸시하는 자는 패망을 이루고 계명을 두려워하는 자는 상을 얻는다고 했는데 예수님 때문에 나는 말씀을 멸시하는 자가 아니니 감사. ●계명을 두려워하는 자가 되었으니 감사. ●하나님의 상을 얻는 자가 되었으니 감사. ●예수님 때문에 교만한 자, 다투는 자가 아니니 감사. ●권면을 듣는 자로 지혜로운 자가 되었으니 감사. ●"게으른 자는 그 잡은 것도 사냥하지 아니 하나니 사람의 부귀는 부지런한 것이다"(잠 12:27) 하시니 감사. ●"게으른 자는 마음으로 원하여도 얻지 못하니, 부지런한 자는 마음에 풍족함을 얻는다"(잠 13:4) 하시니 감사. ●부지런한 자의 손은 사람을 다스리게 되어도 게으른 자는 부림을 받느니라 하시니 감사.

●예수님 때문에 나는 게으른 자임을 깨닫게 하시니 감사. ●예수님 때문에 이제 나는 게으른 자가 아니니 감사. ●부지런한 자가 되었으니 감사. ●예수님 때문에 나는 잡은 것도 사냥하지 않는 나의 게으름을 용서해 주시니 감사. ●예수님 때문에 나는 부지런한 자가 되어서 주님이 주신 것 사냥하는 부지런한 자가 되었으니 감사. ●예수님 때문에 나는 부지런한

자가 되어서 마음으로 원하는 것 다 얻은 자가 되어 마음에 풍족함을 얻은 자가 되었으니 감사. ●이제까지 게을러서 부림을 받던 자가 이젠 예수님 때문에 부지런하여 사람을 다스리는 자가 되었으니 너무너무 감사.

　●악인은 입술의 허물을 인하여 그물에 걸려도 의인은 환란에서 벗어나느니라(잠 12:13) 하시니 감사. ●예수님 때문에 입술의 허물로 인해 그물에 걸리는 자가 아니니 감사. ●입술의 허물로 인해 남을 그물에 걸리게 하는 자도 아니니 감사. ●예수님 때문에 입술의 허물이 없는 자가 되었으니 감사. ●입술에 허물과 실수케 하는 악한 영을 철저히 쫓고 예수 이름으로 부인하는 자가 되었으니 감사. ●사람은 입의 열매로 인하여 복록이 족하며 그 손의 행하는 대로 자기가 받느니라 하시니 감사. ●예수님 때문에 입술로도 늘 축복만 선포하는 자가 되었으니 감사. ●또 손으로 행하는 자가 되었으니 감사.

　●전도 전단지 뿌리는 자가 되었으니 너무너무 감사. ●미련한 자는 자기 행위를 바른 줄로 여기고, 분노를 당장에 나타낸다 했는데, 예수님 때문에 이런 자가 전혀 아니니 감사. ●예수님 때문에 나는 지혜로운 자로 권고를 들을 줄 아는 자가 되었으니 감사. ●슬기로운 자로 수욕을 참는 자가 되었으니 감사. ●진리를 말하는 자는 의를 나타내어도 거짓 증언은 궤휼을 말한다고 하시니 감사.

●예수님 때문에 나는 진리를 말하는 자가 되었으니 감사.
●예수님 때문에 나는 거짓 증인이 아니니 감사. ●예수님 때문에 칼로 찌름같이 함부로 말하는 자가 아니니 감사. ●예수님 때문에 나는 지혜로운 혀로 양약 같은 자가 되었으니 감사.
●예수님 때문에 나는 진실한 입술이 되어서 영원히 보존되는 자가 되었으니 감사. ●거짓 혀는 눈 깜빡할 동안만 있지만 예수님 때문에 나는 거짓 혀가 아니니 감사.

●"악을 꾀하는 자는 자기 마음에 궤휼이 있고 화평을 논하는 자는 희락이 있다" 하시니 감사. ●예수님 때문에 나는 악을 꾀하는 자가 아니니 감사. ●내 마음에 궤휼은 없으니 감사. ●항상 화평을 논하는 자가 되었으니 감사. ●거짓 입술은 하나님께 미움을 받아도 진실히 행하는 자는 기뻐하심을 받느니라 하시니 감사. ●예수님 때문에 거짓 입술이 아니니 감사. ●예수님 때문에 진실을 행하는 자가 되었으니 너무너무 감사.
●"의인은 그 이웃의 인도자가 되어도 악인의 소행은 자기를 미혹케 하느니라" 하시니 감사. ●이웃의 인도자로서 예수님 때문에 나는 의롭다고 인정받게 되었음을 감사. ●예수님 때문에 나는 악인이 아니니 감사. ●다른 사람을 미혹케 하는 자가 아니니 감사.

●이길 수 있는 힘주신 것 감사. ●깨달을 수 있는 힘주신 것 감사. ●분별할 수 있는 힘주신 것 감사. ●감사할 수 있는 힘

주신 것 감사. ●또 마음이 상하므로 당신을 원망한 것 용서하시니 감사. ●원망함으로 나 자신이 영적인 불뱀에 물린 것 깨닫게 하시니 감사. ●악한 자의 정체가 드러났으니 감사. ●혈기, 분쟁, 다툼 그 어떤 악한 것도 나와 상관없으니 감사. ●우리 가정과 상관없으니 감사. ●사랑할 수 있게 하시니 감사. ●축복할 수 있게 하시니 감사. ●섬길 수 있는 용기를 주시니 감사. ●사람과의 막힌 관계 풀어야만 응답이 있고, 축복이 있다고 말씀하였는데 작정 기도를 통해 응답받아야 할 것이 많은데 답답해하고, 안타까워하고, 속상해하고, 낙심하는 나의 모습을 보게 되니 감사. ●내 마음대로 안 되는 것도 감사.

●둘러가게 됨은 더 좋은 것이 예비되어 있다고 하시니 감사. ●아직 하나님 중심이기보다 내 중심이 강한 것을 보게 되니 감사. ●하나님 앞에 온전히 맡기지 못하는 나를 보게 되니 감사. ●감사할 수 있어 감사. ●예비하신 은혜로 큰 복이 기대되니 감사. ●기도해도 내 마음대로 안 되니 감사. ●하나님께 주권이 있으니 감사. ●승리는 내 것이니 감사. ●기도하니 주님이 이끌어 가시니 감사. ●시간이 갈수록 날이 갈수록 기도의 불이 강하게 붙게 하시니 감사. ●성령 충만의 역사가 일어나니 감사.

●성령께서 강하게 뜨겁게, 힘 있게 밀어주실 것을 믿으니 감사. ●하나님과 사람 관계도 화목케 회복시켜주시니 감사.

●속과 겉을 다 채워주시니 감사. ●잘 될수록 겸손하게 하시니 감사. ●부흥할수록 낮아지게 하시니 감사. ●영적, 물적, 인적 필요한 모든 것을 다스려 주장해 주시니 감사. ●필요한 물질도 넉넉하게 보내주시니 감사.

●강건케 해주시니 감사. ●하나님이 직접 고쳐 주시니 감사. ●하나님의 치료하심을 인정케 하시니 감사. ●깨끗하게 고침을 보게 하시니 감사. ●온전히 주님만 바라보게 하심을 감사. ●주님 부르시는 그날까지 교통사고는 나와 전혀 상관없으니 감사. ●항상 천군천사 동행해 주시니 감사. ●앞길을 열어주시니 감사.

●자녀들에게 믿음의 신실하고 진실한 말씀과 기도로 깨어있는 지혜롭고 현숙하고 유덕한 배우자 또 자녀의 부족과 연약과 허물을 볼 때마다 눈물로 기도하며 세워나갈 수 있는 그런 배우자를 보내주시니 감사. ●또 부모, 형제의 연약, 부족 허물을 볼 때마다 눈물로 기도하며 세워나가는 그런 배우자를 만나게 하심을 감사. ●성령께서 힘 있게 밀어주시니 감사. ●앞길도 열어주시니 감사. ●더욱 지혜와 총명을 주셔서 하나님을 더 알아가게 하시고, 학업(사업)을 통해서도 영광 받으시니 감사. ●기도의 동역자를 보내 주신 것 감사. ●이 감사 기도의 불이 주님 오시는 날까지 계속 더 강하게 붙게 하시니 감사. ●나에게 기도의 은사와 능력을 날마다 더 강하게 더하여 주시니 감사. ●기도의 지혜를 더하여 주시니 감사.

3장

하나님이 보내신 택배

"우리가 지금은 거울로 보는 것 같이 희미하나 그 때에는 얼굴과 얼굴을 대하여 볼 것이요 지금은 내가 부분적으로 아나 그 때에는 주께서 나를 아신 것 같이 내가 온전히 알리라 그런즉 믿음, 소망, 사랑, 이 세 가지는 항상 있을 것인데 그 중의 제일은 사랑이라"(고전 13:12,13)

● 성령님 의지하지 않고, 내 마음대로 말한 것 있으면 용서해 주시니 감사. ● 잘못 이야기한 것 용서해 주시니 감사. ● 하나님의 뜻과 상반되게 말한 것 있으면 용서해 주시니 감사. ● 부정적으로 많이 한 것 용서하시니 감사. ● 내 기준으로 남을 판단하고 정죄하고 악평한 것 용서해 주시니 감사. ● 성령의 인도보다 내 방법만을 강조하고 권면한 것 용서해 주시니 감사. ● 주님 안에서 교제하게 하신 것 감사. ● 나에게도 성령님께서 인도하시고 인도하신 은혜를 나눌 수 있게 하신 것 감사.

● "힘들 때마다 아무것도 염려하지 말고 오직 모든 일에 기

도와 간구와 감사함으로 아뢰라 그리하면 모든 직에 뛰어난 하나님의 평강이 내 마음과 생각을 지켜 주신다"라는 약속의 말씀으로 인도하시고 승리케 하신 하나님께 감사. ●이 은혜를 나눌 수 있게 하신 것 감사. ●시험 들지 않게 하실 줄 믿고 감사. ●은혜에 은혜로 날마다 부어주시니 감사. ●축복하시니 감사. ●지혜와 명철과 능력으로 부어주시니 감사.

　●선교 사역을 잘 감당케 하시니 감사. ●영권, 인권, 물권 주셔서 감당케 하시니 감사. ●연약한 나를 사랑하게 하시니 감사. ●나를 생각할 때마다 축복 기도하게 하시니 감사. ●사랑과 관심을 가지고 가르치고 섬기게 하시니 감사. ●모든 목사님, 성도들도 나를 믿음 안에서 긍정적으로, 소망적으로 축복하는 마음으로 바라보게 하시니 감사. ●나를 위해서 기도하는 목사님, 성도들 되게 하시니 감사. ●나를 지켜 주시니 감사. ●나를 축복해 주시니 감사. ●나를 인도하시니 감사.

　●옛사람과 만나지 않게 하시니 감사. ●나를 죄로부터, 어둠으로부터 보호해 주시니 감사. ●악으로부터 보전해 주시니 감사. ●인자와 진리를 보내어 지키시니 감사. ●믿음을 회복시키시니 감사. ●나를 아프게 하고 괴롭히는 자를 통해 늘 은혜 받게 하시니 감사. ●합력하여 선을 이루게 하시니 감사. ●하나님을 의지하고 성실하게 하심에 감사. ●영적 성적이 쑥쑥 올라가게 하시니 감사. ●하나님께 영광이요 교회에 덕을

끼치게 하시니 감사. ●앞길을 축복하시니 감사. ●인도하시니 감사. ●어떤 장애물도 제거해 주시니 감사. ●축복해 주시니 감사.

> "일을 행하는 여호와, 그것을 지어 성취하는 여호와, 그 이름을 여호와라 하는 이가 가라사대 너는 부르짖어라 그리하면 내가 응답하며 네가 알지 못하는 크고 비밀한 일을 보여주리라."
>
> "네 힘으로 할 수 있는 게 있니? 맡기라 했지?"
>
> "성령 충만을 구하라. 염려하지 말라고 했지?"
>
> 사람이 계획할지라도 그 걸음은 여호와가 인도하신다.
>
> 결정도 여호와께서 하신다.

●사람이 일을 계획할지라도 그 걸음을 여호와께서 인도하심을 믿고 감사. ●주님께서 일을 행하신다니 감사. ●일을 행하고 그것을 지어 성취하는 하나님께서 나에게 부르짖으라 하시고 응답해 주신다니 감사. ●내가 알지 못하는 크고 비밀한 일을 보여주시니 감사. ●"너의 힘으로 할 수 있는 게 있니?" 물어보신 하나님께 감사. ●"맡기라" 하시니 감사. ●문제를 내가 가지고 있고 내가 하려고 하고 맡기지 못하면 불안하고 초조하고 사람을 의지하고 사람에게 간절히 부탁하고 할 터인데 하나님을 의지하고 하나님께 기도할 수 있게 해주시니 감사. ●하나님께 맡길 수 있어 감사. ●맡기는 믿음 주시니 감사. ●또 기도하게 됨을 감사. ●응답받으니 감사. ●걸음과 일

들을 하나님이 인도하시니 감사. ●하나님께서 인도하실 줄
믿으니 감사.

　●신실한 상사 만나게 해주실 줄 믿고 감사. ●신앙적으로
지도해 주는 분이 있어 감사. ●상사와 동료와 후배로부터 사
랑받고 인정받게 해주시니 감사. ●축복하시니 감사. ●인도
하시니 감사. ●도우시니 감사. ●예비하신 하나님께 감사. ●
주일 성수할 수 있게 하시니 감사. ●영적인 교제권을 온전히
이루어 나갈 수 있는 지도자 만나게 하시니 감사. ●세상 방법
이 아닌 하나님의 방법으로 인도하신 하나님께 감사. ●주님
께서 인도, 주장, 결정해 주시니 감사. ●하나님이 함께 하심과
축복하심과 인도하심을 자신이 먼저 깨닫고 알고 감사하게 하
시니 감사.

　●주어진 일에 성실하게 하시니 감사. ●잘 감당하게 하시
니 감사. ●인내하게 하시니 감사. ●하나님 앞에 은혜를 회복
시켜주시니 감사. ●믿음을 회복시켜주시니 감사. ●주님을
만나게 하시니 감사. ●말씀을 사랑하게 하시니 감사. ●은혜
를 사모하게 하시니 감사. ●예배를 회복시켜주시니 감사. ●
신앙생활을 회복시켜주시니 감사. ●믿음의 신실한 친구를 만
나게 하시니 감사. ●하나님이 기뻐하는 길로 인도하시니 감
사. ●하나님이 원하시는 사명을 깨닫게 하시니 감사. ●인도
하시니 감사. ●감당케 하시니 감사. ●길을 열어주시니 감사.

●축복하시니 감사.

"일을 행하시는 여호와, 그것을 만들며 성취하시는 여호와, 그의 이름을
여호와라 하는 이가 이와 같이 이르시도다 너는 내게 부르짖으라 내가
네게 응답하겠고 네가 알지 못하는 크고 은밀한 일을 네게 보이리라"(렘
33:2-3)

"사람의 마음에 많은 계획이 있어도 오직 여호와의 뜻이 완전히 서리
라"(잠 19:21)

"거짓 증인은 벌을 면치 못할 것이요, 거짓말을 내는 자는 망할 것이다"
(잠 19:9)

●사람이 일을 계획할지라도 그 걸음을 인도하시는 하나님
께 감사. ●사람이 말할지라도 그 일의 결정은 하나님이 하시
니 감사. ●자녀를 잘못 가르치고 잘못 교육한 것 용서해 주시
니 감사. ●거짓 증인이 되지 않게 성령의 능력으로 속사람을
강건케 하시사 죄짓지 않게 하시니 감사. ●거짓말하지 않게
방패막이가 되어주시니 감사. ●자녀를 책임져 주시니 감사.
●지켜 주시니 감사. ●인도하시니 감사. ●붙들어주시니 감
사. ●함께하시니 감사. ●시험 들지 않게 하시니 감사. ●온전
케 인도하시니 감사. ●축복하시니 감사. ●그 걸음을 재촉해
주시니 감사. ●마음과 생각을 재촉해 주시니 감사. ●방해하

는 세력을 다 제거해 주시니 감사. ●모든 유혹을 제거해 주시니 감사. ●축복해 주시니 감사. ●아무것도 염려하지 말라 하시니 감사. ●너의 염려를 다 맡기라 하시니 감사.

> "사람의 걸음은 여호와로 말미암나니 사람이 어찌 자기의 길을 알 수 있으랴… 사람의 영혼은 여호와의 등불이라 사람의 깊은 속을 살피느니라"(잠 20:24,27)

자녀의 영혼에 하나님의 등불을 밝혀주소서.

> "부지런한 자의 경영은 풍부함에 이를 것이나 조급한 자는 궁핍함에 이를 따름이니라"(잠 21:5)

●자녀 깊은 속을 살피사 그 영혼을 고치고 밝혀주시니 감사. ●자녀를 부지런한 자 되게 하시니 감사. ●부지런함으로 경영에 풍부함에 이르게 하시니 감사. ●자녀가 신앙생활에 부지런하게 하시니 감사. ●말씀 읽는 것 부지런하게 하시니 감사. ●기도하는 일에 부지런하게 하시니 감사. ●예배드리는데 부지런하게 하시니 감사. ●그리하여 영적으로 풍성한 영육의 축복을 누리게 하시니 감사.

> "귀를 막고 가난한 자가 부르짖는 소리를 듣지 아니하면 자기가 부르짖을 때에도 들을 자가 없으리라"(잠 21:13)

● 영적인 가난한 자, 영혼이 가난한 자의 부르짖는 소리를 들을 수 있게 하시니 감사. ● 불평, 원망, 아픔의 소리, 미움, 욕심⋯ 이런 자들의 소리를 들음은 영적인 가난한 자의 그 영혼의 가난함을 부르짖는 소리로 깨닫고 기도할 수 있게 하시니 감사.

"공의와 정의를 행하는 것은 제사 드리는 것보다 여호와께서 기쁘게 여기시느니라"(잠 21:3)

"정의를 행하는 것이 의인에게는 즐거움이요 죄인에게는 패망이니라" (잠 21:15)

명철의 길을 떠난 사람은 사망의 회중에 거하리다.
"여호와를 아는 것이 명철"이라고 했다.
"여호와를 알자. 힘써 알자"라고 했다.
말씀을 통해 여호와를 더욱 알고 명철의 길이 말씀의 길이다.

● 말씀의 길을 떠나지 않게 하시니 감사. ● 에스겔 36장 22-38절 말씀으로 회복시키사 성령 충만으로 주의 율례와 규례를 지켜 행하게 하시니 감사. ● 모든 것을 회복시켜 주시니 감사. ● 연락을 좋아하는 자가 아니니 감사. ● 다투며 성내는 사람이 되지 않게 하시니 감사.

"지혜 있는 자의 집에는 귀한 보배와 기름이 있으나 미련한 자는 이것을 다 삼켜 버리느니라"(잠 21:20)

"공의와 인자를 따라 구하는 자는 생명과 공의와 영광을 얻느니라"(잠 21:21)

"입과 혀를 지키는 자는 자기의 영혼을 환난에서 보전하느니라"(잠 21:23)

"무례하고 교만한 자를 이름하여 망령된 자라 하나니 이는 넘치는 교만으로 행함이니라"(잠 21:24)

●우리 집은 지혜 있는 집이 되게 하시니 감사. ●귀한 보배 되신 예수님을 가족의 중심에 모시고 사니 감사. ●더욱 보배 되신 예수님과 성령님으로 충만한 가정되게 하시니 감사. ● 거룩함과 말씀 따라 사는 것과 예수님을 따라, 사랑함을 따라 구하게 하심을 감사. ● 생명과 의와 영광을 얻게 하시니 감사. ●입과 혀를 지킬 수 있는 능력을 주시니 감사. ●나의 영혼을 환란에서 보전하게 하시니 감사. ●무례하고 교만을 행치 않게 지키시고 인도하시니 감사. ●성령 충만 부어주시니 감사. ●교만을 제거해 주심을 감사. ●지혜롭게 행하게 하심을 감사. ●게으름을 고쳐 주시니 감사. ●성령 충만으로 부지런하게 하시니 감사. ●탐하는 마음을 제거해 주시니 감사. ●의인

으로 아끼지 않고 베풀게 하시니 감사.

●하나님 앞, 사람 앞에 정직하고 진실한 영으로 채워주시니 감사. ●많은 재물보다 명예를 택하게 하시니 감사. ●은이나 금보다도 은총을 더욱 택하게 하시니 감사. ●빈부가 섞여 살거니와 무릇 그들을 지으신 이는 하나님이시니 부자를 부러워하고 가난한 자를 판단한 것 용서하시니 감사. ●지금 이 순간에도 부자나 가난한 자를 하나님이 다 지으신 것임을 감사. ●큰 교회 작은 교회 다 하나님이 지으신 것임을 감사. ●모든 게 하나님이 주권이심을 인정하고 깨닫게 하시니 감사. ●다 하나님의 뜻이 있음을 인정하고 깨닫게 하시니 감사. ●슬기로운 자로 재앙을 보면 숨어 피할 수 있게 하시니 감사. ●어리석어서 나가다가 해를 받는 일 없도록 말씀과 기도로 깨어 분별하며 지혜롭게 행할 수 있게 하시니 감사.

"겸손과 여호와를 경외함의 보응은 재물과 영광과 생명이니라"(잠 22:4)

●날마다 더더욱 겸손함으로 인도하시니 감사. ●하나님을 경외하는 영과 믿음과 능력으로 인도하시니 감사. ●재물과 영광과 생명으로 하나님께 보응받게 하시니 감사. ●늘 영혼을 사랑하고 지키는 자가 되게 하시니 감사. ●마땅히 행할 길을 아이에게 가르치게 하시니 감사. ●아이가 늙어도 그것을 떠나지 않게 하시니 감사. ●악을 뿌려 재앙을 거두는 자가 아

니니 감사. ●선을 뿌려 축복을 거두게 하시니 감사.

> "그가 찔림은 우리의 허물을 인함이요 그가 상함은 우리의 죄악을 인함
> 이라 그가 채찍에 맞음으로 우리가 나음을 입었고 그가 징계를 받음으
> 로 우리가 평화를 누리도다 우리는 다 양 같아서 각기 제 길로 갔거늘
> 여호와께서는 우리 무리의 죄악을 그에게 담당시켰도다"(사 53:5–6)

죄 때문에 찌르고 찔림을 받고 한다.

죄 때문에 상하고 상하게 한다.

죄 때문에 분쟁이 있다.

죄 때문에 다툼이 있다.

죄 때문에 싸움이 있다.

죄 때문에 미워하고 미움 받는다.

죄 때문에 행복이 깨진다.

죄 때문에 평화가 깨진다.

죄 때문에 화평이 깨진다.

죄 때문에 전쟁을 치른다.

죄 때문에 갈등이 있다.

죄 때문에 억울함이 있다.

죄 때문에 마귀의 조정을 받는다.

죄 때문에 마귀에게 이용당한다.

죄 때문에 마귀에게 지고 있다.

죄 때문에 아픔이 있다.

죄 때문에 쓰라림이 있다.

죄 때문에 파괴됨이 있다.

죄 때문에 기쁨을 잃어버린다.

죄 때문에 하나님 나라를 잃어버린다.

죄 때문에 더 죄만 짓고 있다.

죄 때문에 가난이 있다.

죄 때문에 부족이 있다.

죄 때문에 질병이 있다.

죄 때문에 염려가 있다.

죄 때문에 근심이 있다.

죄 때문에 괴로움이 있다.

죄 때문에 실족한다.

죄 때문에 넘어진다.

죄 때문에 욕심이 있다.

죄 때문에 바라기만 한다.

죄 때문에 조급하다.

죄 때문에 원망한다.

죄 때문에 탓을 한다.

죄 때문에 거짓말한다.

죄 때문에 속인다.

죄 때문에 꾀를 부린다.

죄 때문에 무정하다.

죄 때문에 무자비하다.

죄 때문에 사랑이 없다.

죄 때문에 인정이 없다.

죄 때문에 동정이 없다.

죄 때문에 남을 업신여긴다.

죄 때문에 책임을 남에게 항상 돌린다.

죄 때문에 자신밖에 모른다.

죄 때문에 모든 게 자기 기준이다.

죄 때문에 이해가 없다.

죄 때문에 상대방 입장을 모른다.

죄 때문에 상대방 입장을 헤아리지 않는다.

죄 때문에 자기만 옳다고 주장한다. 또 큰소리친다.

죄 때문에 이기고자 한다.

죄 때문에 자존심을 내세운다.

죄 때문에 열등 의식을 가진다.

죄 때문에 낙심한다.

죄 때문에 낙망한다.

죄 때문에 손해를 안 보려고 한다.

죄 때문에 양보가 없다.

죄 때문에 이익만을 계산한다.

죄 때문에 따진다.

죄 때문에 시기한다.

죄 때문에 질투한다.

죄 때문에 피곤하다.

죄 때문에 남을 피곤하게 한다.

죄 때문에 남을 힘들게 한다.

죄 때문에 상처를 입는다.

죄 때문에 상처를 입힌다.

죄 때문에 손해를 입힌다.

죄 때문에 때리고 죄 때문에 맞고 죄 때문에 혈기 부리고 죄 때문에 멸시하고 죄 때문에 조롱하고 죄 때문에 비웃는다.

이런 우리의 연약함을 담당키 위해 예수님은 "연한 순 같고 마른 땅에서 나온 뿌리 같아서 고운 모양도 없고 풍채도 없은즉 우리가 보기에 흠모할 만한 아름다운 것이 없도다"(사 53:2)라고 하셨고 "그는 멸시를 받아 사람들에게 버림 받았으며 간고를 많이 겪었으며 질고를 아는 자라 마치 사람들이 그에게서 얼굴을 가리는 것 같이 멸시를 당하였고 우리도 그를 귀히 여기지 아니하였도다"(사 53:3)라고 하셨다.

예수께서 감당하신 우리의 죗값

죄 때문에 실패가 있고, 죄 때문에 연약함이 있고, 죄 때문에 자신감이 없고, 죄 때문에 슬픔이 있고, 죄 때문에 비통함이 있고, 죄 때문에 고난이 있고, 죄 때문에 죽음이 있고, 죄 때문에 사고가 있고, 죄 때문에 기근이 있다.

죄 때문에 복수가 있고, 죄 때문에 원수가 있고, 죄 때문에 심판이 있고, 죄 때문에 채찍이 있고, 죄 때문에 범죄가 있고, 죄 때문에 도적이 있고, 죄 때문에 탐심이 있고, 죄 때문에 욕심이 있고, 죄 때문에 경쟁이 있고, 죄 때문에 실패가 있다.

죄 때문에 이별이 있고, 죄 때문에 생산치 못함이 있고, 죄 때문에 잉태치 못함이 있고, 죄 때문에 잃을 때가 있고, 죄 때문에 수치가 있고, 죄 때문에 치욕이 있고, 죄 때문에 두려움이 있고, 죄 때문에 놀라움이 있고, 죄 때문에 버림이 있고, 죄 때문에 배신, 배약이 있다.

죄 때문에 홍수가 있고, 죄 때문에 곤고가 있고, 죄 때문에 광풍이 있고, 죄 때문에 학대가 있고, 죄 때문에 패망이 있고, 죄 때문에 패역이 있고, 죄 때문에 패배가 있다.
죄 때문에 원수가 있고, 죄 때문에 대적이 있고, 죄 때문에 진멸이 있고, 죄 때문에 배고픔, 굶주림, 기근이 있고, 죄 때문에 인신매매가 있고, 죄 때문에 고독, 외로움이 있다.

죄 때문에 불신감이 있다. 죄 때문에 마음은 원이로되 육신이 약함이 있고, 죄 때문에 피곤함이 있고, 죄 때문에 지친다. 죄 때문에 양심이 굳음이 있다. 비양심적이다. 죄 때문에 안면몰수하고, 죄 때문에 불순종하고, 죄 때문에 멸망하고, 죄 때문에 강도가 있고, 죄 때문에 살인자, 사기꾼이 있다.
죄 때문에 예수를 부모를 남편을 아내를 자녀를 친구를 교회를 버림이 있다. 죄 때문에 도망 다니고 죄 때문에 떼먹는 일이 있다. 죄 때문에 사기가 있다. 죄 때문에 시기가 있고, 죄 때문에 거짓 증거하게 된다. 죄 때문에 자살이 있고, 죄 때문에 충동질함이 있고, 죄 때문에 누명, 악한 일, 민란, 정직치 못함이 있다.

"이르되 이 사람의 말이 내가 하나님의 성전을 헐고 사흘 동안에 지을 수 있다 하더라 하니"(마 26:61)

사람들이 예수님을 말로서 치고 채찍으로 치고 주먹으로 치고 했지만 예수님께서는 잠잠하셨다. 사형에 해당한다고 큰소리하고 예수의 얼굴에 침 뱉으며, 주먹으로 치고, 손바닥으로 때렸다. 모든 대제사장과 백성의 장로들이 예수를 죽이려고 함께 의논하고 결박하여 끌고 가서 총독 빌라도에게 넘겼다. 대제사장들과 장로들에게 고소를 당했지만 아무 대답도 아니하시고 한마디도 대답하지 않으셨다. 군병들이 옷을 벗기고, 홍포를 입히며 가시 면류관을 엮어 그 머리에 씌우고, 그 오른손에 갈대를 들리고 그 앞에서 무릎을 꿇고 희롱하였다.

"유대인의 왕이여 평안할지어다"라며 침을 뱉고, 갈대를 빼앗아 예수님 머리를 쳤다. 희롱을 다 한 후 홍포를 벗기고 도로 그의 옷을 입혀 십자가에 못 박으려고 끌고 나갔다. 그리고 십자가에 못 박고 옷을 제비 뽑아 나누고, 머리에 "유대인의 왕 예수"라는 죄패를 붙였다.

지나가는 자들이 머리를 흔들며 모두 예수를 욕했다. 대제사장들이 시기로 예수를 넘겨줌으로 무리를 충동하여 십자가에 못 박게 했다. 예수께서 나의 죗값, 우리의 죗값을 담당하셨다.

♥ 구원의 소리에 감사

죄 때문에 친구가 없습니다.

죄 때문에 신랑이 없습니다.

죄 때문에 부모가 없습니다.

죄 때문에 형제가 없습니다.

죄 때문에 존경도 없습니다.

죄 때문에 우정도 없습니다.

죄 때문에 하나가 되지 못합니다.

죄 때문에 분리가 됩니다.

죄 때문에 합치지 못합니다.

죄 때문에 뭉치지 못합니다.

죄 때문에 상부상조가 없습니다.

죄 때문에 양보가 없습니다.

죄 때문에 섬김이 없습니다.

죄 때문에 손해 볼 수 있는 게 없습니다.

죄 때문에 허탈합니다.

죄 때문에 허전합니다.

죄 때문에 자족이 없습니다.

죄 때문에 의리가 없습니다.

죄 때문에 칭찬이 없습니다.

죄 때문에 구원이 없습니다.

죄 때문에 해결이 없습니다.

죄 때문에 평안이 없습니다.

죄 때문에 나눔이 없습니다.

죄 때문에 비방합니다.

죄 때문에 희롱합니다.

죄 때문에 정죄하고 판단합니다.

죄 때문에 옳게 안 봅니다.

죄 때문에 부정적 결과만 바라봅니다.

죄 때문에 위선자가 있습니다.

죄 때문에 늘 의심합니다.

죄 때문에 겉과 속이 다릅니다.

죄 때문에 마음이 어둡습니다.

죄 때문에 머리가 아픕니다.

죄 때문에 혼미합니다.

죄 때문에 지혜가 없습니다.

죄 때문에 미련합니다.

죄 때문에 우둔합니다.

죄 때문에 어눌합니다.

죄 때문에 누추합니다.

죄 때문에 더럽습니다.

죄 때문에 나쁜 냄새가 납니다.

죄 때문에 복잡합니다.

죄 때문에 안 보입니다.

죄 때문에 안 들립니다.

죄 때문에 모릅니다.

죄 때문에 못 깨닫습니다.

죄 때문에 판단을 못합니다.

죄 때문에 구별도 못합니다.

죄 때문에 속입니다.

죄 때문에 함정에 빨려 듭니다.

죄 때문에 속임수에 넘어갑니다.

죄 때문에 냉냉합니다.

죄 때문에 찬바람이 붑니다.

죄 때문에 마음에 벽이 생깁니다.

죄 때문에 의심합니다.

죄 때문에 못 마땅히 여깁니다.

죄 때문에 외모로 판단합니다.

죄 때문에 외모에 치중합니다.

죄 때문에 포장합니다.

죄 때문에 숨깁니다.

죄 때문에 감춥니다.

죄 때문에 솔직하지 않습니다.

죄 때문에 움츠립니다.

죄 때문에 당당하지 않습니다.

죄 때문에 미룹니다.

죄 때문에 열매가 없습니다.

죄 때문에 결과가 좋지 않습니다.

죄 때문에 축복받지 못합니다.

죄 때문에 하나님 못 만납니다.

죄 때문에 어둡습니다.

죄 때문에 남을 의식합니다.

죄 때문에 눈치를 봅니다.

죄 때문에 자신감이 없습니다.

죄 때문에 늘 부족하고 모자란 것 같습니다.

죄 때문에 늘 비교합니다.

죄 때문에 불평합니다.

죄 때문에 고자질합니다.

죄 때문에 험담합니다.

죄 때문에 손가락질합니다.

죄 때문에 추측합니다.

죄 때문에 꾸며냅니다.

죄 때문에 과장합니다.

죄 때문에 빌려씁니다.

죄 때문에 저지릅니다.

죄 때문에 모함합니다.

죄 때문에 절제하지 못합니다.

죄 때문에 달려듭니다.

죄 때문에 예의가 없습니다.

죄 때문에 무례히 행합니다.

죄 때문에 발설합니다.

죄 때문에 허물을 들추어냅니다.

죄 때문에 용납하지 못합니다.

죄 때문에 용서하지 못합니다.

죄 때문에 화해하지 못합니다.

죄 때문에 자존심이 강합니다.

죄 때문에 자만심이 강합니다.

죄 때문에 남을 낮춰 봅니다.

죄 때문에 마음이 좁습니다.

죄 때문에 이해가 안 됩니다.

죄 때문에 소견머리가 좁습니다.

죄 때문에 연합이 안 됩니다.

죄 때문에 마음의 벽이 높습니다.

죄 때문에 말의 벽도 높습니다.

죄 때문에 행동의 벽도 높습니다.

죄 때문에 인색합니다.

죄 때문에 욕구가 강합니다.

죄 때문에 욕망이 강합니다.

죄 때문에 희생할 줄 모릅니다.

죄 때문에 나쁜 것을 행합니다.

죄 때문에 편견합니다.

죄 때문에 죄를 설득합니다.

죄 때문에 만족이 없습니다.

죄 때문에 감사의 조건이 안 보입니다.

죄 때문에 무식합니다.

죄 때문에 넓게 생각하지 못합니다.

죄 때문에 소동하고 시끄럽습니다.

죄 때문에 시위합니다.

죄 때문에 큰소리칩니다.

죄 때문에 먼저 섬기지 못합니다.

죄 때문에 게으릅니다.

죄 때문에 탓합니다.

죄 때문에 문제 해결을 앞에 두고도 보지 못합니다.

죄 때문에 멀리서 찾습니다.

죄 때문에 방탕합니다.

죄 때문에 게으릅니다.

죄 때문에 인색합니다.

죄 때문에 길이 없습니다.

이런 나의 모든 죄를 예수님이 십자가에서 다 담당하셨고 내가 깨닫지 못하고 표현 하지 못한 모든 죄를 다 담당하셨다. 하나님 나라는 의와 희락과 화평이라 했는데 이게 아닌 것은 다 죄의 열매다.

죄로 인해 내면의 지옥을 경험하면 외면으로는 환경에 지옥 같은 삶을 누린다. 아담과 하와가 하나님 앞에 교만해 불순종 함으로 죄가 들어오고 천국인 에덴에서 쫓겨나서 엉겅퀴와 가시가 생겼다.

예수님 밖엔 모든 것이, 모든 것에, 모두가 엉겅퀴가 되어 하나되지 못하고 엉키고 부딪쳐 싸우는 전쟁터이다.

모든 것에 가시가 있어 모두가 찌르는 고통에서 이런 우리를 구원하기 위해, 에덴을 회복키 위해 예수님이 오셔서 십자가에서 모든 죄악을 감당하시고 죄로 인한 온갖 고통의 저주를 영생의 축복과 이 땅에서의 심령 회복을 주시고 하나님 나라를 이루어 가신다.

4장

죄 때문에 갈 길을 모를 때

"복 있는 사람은 악인들의 꾀를 따르지 아니하며 죄인들의 길에 서지 아니하며 오만한 자들의 자리에 앉지 아니하고 오직 여호와의 율법을 즐거워하여 그의 율법을 주야로 묵상하는도다"(시편 1:1,2)

●하나님은 죄로 얽혀있는 나를 사랑하사 내 음성을 들으시니 감사. ●내 간구를 들으시니 감사. ●내 기도를 언제나 들으시니 감사. ●나를 구해 주시니 감사. ●내 영혼을 건지시니 감사. ●하나님은 나를 구원하셨으니 감사. ●하나님은 나를 후대하시니 감사. ●사망에서 건지시니 감사. ●눈물에서 건지시니 감사. ●넘어짐에서 건지시니 감사. ●하나님은 성도의 죽음을 귀중히 보시니 감사. ●주님께서 나의 결박을 푸셨으니 감사. ●나를 향하신 하나님의 인자하심이 크고 크시니 감사. ●진실하심이 영원하시니 감사. ●여호와는 선하시고 그 인자하심이 영원하시니 감사. ●고통 중에 부르짖을 때 응답하셨으니 감사.

●나를 광활한 곳에 세우시니 감사. ●하나님은 내 편이시니 감사. ●나를 도우시니 감사. ●나를 미워하는 자를 보응하시니 감사. ●하나님은 나의 피할 바위요 나의 신뢰함이 되시니 감사. ●하나님은 나의 능력과 찬송 나의 구원이시니 감사. ●의인의 장막인 나에게 기쁜 소리, 구원의 소리가 있으니 감사. ●하나님의 오른손이 권능을 베푸시사 이제 형통케 하심이니 감사. ●주님은 나의 즐거움이요 나의 모사요 주의 말씀대로 나를 세우시니 감사. ●주님의 법을 내게 은혜로이 베푸시니 감사. ●하나님은 나로 수치를 당치 않게 하심이니 감사. ●주님의 율례의 도를 가르쳐주시니 감사. ●나로 깨닫게 하심이니 감사. ●주님의 계명의 첩경으로 행케 하심이니 감사. ●내 마음을 주님의 증거로 향하게 하심이니 감사. ●내 마음을 탐욕으로 향하지 않게 하심이니 감사.

●내 눈을 돌이켜 허탄한 것을 보지 않게 하심이니 감사. ●주님의 도에 나를 소성케 하심이니 감사. ●주님을 경외케 하는 주님의 말씀을 주님의 종에게 세우심이니 감사. ●나의 두려워하는 훼방을 내게서 떠나게 하심이니 감사. ●주님의 규례는 선하심이요 주님의 법도를 사모하게 하심이니 감사. ●주님의 의에 나를 소성케 하심이니 감사. ●주님의 말씀대로 주님의 인자하심과 주님의 구원을 내게 임하게 하심이니 감사. ●나를 주님의 말씀을 의뢰하게 하심이니 감사. ●진리의 말씀이 내 입에서 조금도 떠나지 않게 하심이니 감사. ●주님

의 율법을 항상 영영히 끝없이 지키게 하심이니 감사. ●주의 법도를 구하게 하심이니 감사. ●주님의 계명을 사랑하고 즐거워하게 하심이니 감사. ●나의 사랑하는 바 주님의 계명에 내 손을 들고 주님의 율례를 묵상하게 하심이니 감사. ●주님의 종에게 하신 말씀을 기억하게 하심이니 감사. ●나로 소망이 있게 하심이니 감사. ●주의 증거를 알게 하심을 감사.

●주님의 말씀이 나의 곤란 중에 위로가 되게 하심이니 감사. ●주님의 말씀이 나를 살리시니 감사. ●교만한 자가 나를 심히 조롱하여도 주님의 법을 떠나지 않게 하심이니 감사. ●옛 규례를 기억하게 하시고 스스로 위로하게 하심이니 감사. ●나의 나그네 된 집에서 주님의 율례가 나의 노래가 되게 하심이니 감사. ●밤에 주의 이름을 기억하고 주님의 법을 지키게 하심이니 감사. ●내 소유는 주님의 법도 지킨 것이 되게 하심이니 감사. ●하나님은 나의 분깃이시니 주님의 말씀을 지키게 하심이니 감사. ●진심으로 주의 은혜를 구하게 하심이니 감사.

●주님의 말씀대로 나를 긍휼히 여기시니 감사. ●내 행위를 생각하고 주님의 증거로 내 발을 돌이키게 하심이니 감사. ●주님의 계명을 지키기에 신속히 하고 지체치 아니하게 하심이니 감사. ●악인의 길이 두루 얽혔을지라도 주님의 법을 잊지 않게 하심이니 감사. ●주님의 의로운 규례를 인하여 밤중

에 일어나 주님께 감사하게 하심이니 감사. ●나를 주님을 경외하는 모든 자와 주님의 법도를 지키는 자의 동무가 되게 하심이니 감사. ●하나님의 인자하심이 땅에 충만하심으로 주의 율례로 나를 가르치시니 감사.

●고난당하기 전에는 내가 그릇 행하였더니 이제는 주님의 말씀을 지키게 하심이니 감사. ●주님은 선하사 선을 행하시오니 주님의 율례로 나를 가르치시니 감사. ●교만한 자가 거짓을 지어 나를 치려 하였사오나 나는 전심으로 주님의 법도를 지키게 하심이니 감사. ●저희 마음은 살쪄 지방 같으나 나는 주님의 법을 즐거워하게 하심이니 감사. ●고난당한 것이 내게 유익되게 하심이니 감사. ●이로 인하여 주님의 율례를 배우게 하심이니 감사. ●주님의 입의 법이 내게 천천 금은보다 승하게 하심이니 감사. ●주님의 손이 나를 만들고 세우셨사오니 나로 깨닫게 하사 주님의 계명을 배우게 하심이니 감사.

●주님을 경외하는 자가 나를 보고 기뻐할 것은 나를 주님의 말씀을 바라는 연고가 되게 하심이니 감사. ●주님의 판단은 의로우시고 주님께서 나를 괴롭게 하심도 성실하심으로 말미암음을 알게 하심이니 감사. ●주님의 종에게 하신 말씀대로 주님의 인자하심이 나의 위안이 되게 하심이니 감사. ●주님의 긍휼히 여기심이 내게 임하게 하사 나로 살게 하심이니 감사. ●주님의 법은 나의 즐거움이 되게 하심이니 감사. ●나

는 주님의 법도만 묵상하게 하심이니 감사. ●주님을 경외하는 자를 내게 돌아오게 하심이니 감사. ●주님의 증거를 알게 하심을 감사. ●하나님 말씀을 전할 때마다 저희로 주님의 증거를 알게 하심이니 감사.

　●내 마음을 주님의 율례에 완전케 하심이니 감사. ●나로 수치를 당치 않게 하심이니 감사. ●나의 영혼이 주님의 구원을 사모하기에 피곤하오나 오히려 주님의 말씀을 바라게 하심이니 감사. ●내 눈이 주님의 말씀을 바라기에 피곤하게 하심이니 감사. ●주님의 율례를 잊지 않게 하심이니 감사. ●주님의 모든 계명은 신실함이니 감사. ●나를 도우시고 주님의 법도를 버리지 않게 하심이니 감사. ●주님의 인자하심을 따라 나를 소성케 하심이니 감사. ●주님의 입의 증거를 지키게 하심을 감사.

 돈 때문에 넘어지고…

　●주님의 말씀이 영원히 하늘에 굳게 섰음이요 주님의 성실하심이 대대에 이르심이니 감사. ●주님께서 땅을 세우셨으므로 땅이 항상 있음이요 천지가 주의 규례대로 오늘까지 있음이니 감사. ●주님의 법이 나의 즐거움이 되게 하심을 감사. ●주님의 법도를 영원히 잊지 않게 하심을 감사. ●주님께서 나를 살게 하심이니 감사. ●나는 주님의 것이오니 나를 구원하

심이니 감사. ●나를 주님의 법도를 찾게 하심이니 감사. ●주님의 증거를 생각하게 하시니 감사. ●모든 완전한 것은 다 끝이 있어도 주님의 계명은 심히 넓으심이니 감사. ●나를 주님의 법을 어찌 그리 사랑하게 하시는지 그것을 종일 묵상하게 하시니 감사.

●주님의 계명이 항상 나와 함께 하심이니 감사. ●주님의 계명이 원수보다 지혜롭게 하심이니 감사. ●나를 주님의 증거를 묵상하게 하심으로 나의 명철함이 나의 모든 스승보다 승하게 하심이니 감사. ●주님의 법도를 지키게 하심으로 나의 명철함이 노인보다 승함이니 감사. ●주님의 말씀을 지키게 나의 발을 금하여 모든 악한 길로 가지 않게 하심이니 감사. ●주님께서 나를 가르치심으로 주님의 규례에서 떠나지 않게 하심이니 감사.

죄 때문에 황무함이 있고, 죄 때문에 오만함이 있고, 죄 때문에 천함이 있고, 죄 때문에 거짓이 있고, 죄 때문에 죄악이 판을 치고, 죄 때문에 흉한 소식이 있고, 죄 때문에 두려움이 있다.

죄 때문에 대적이 있고, 죄 때문에 빈궁이 있고, 죄 때문에 멸망이 있고, 죄 때문에 악인이 있고, 죄 때문에 궁핍이 있고, 죄 때문에 도망함이 있고, 죄 때문에 우상이 있고, 죄 때문에 우상을 만들고 있고, 죄 때문에 우상을 의지하고 있다.

죄 때문에 적막함이 있고, 죄 때문에 사망의 줄이 있다. 죄 때문에 음부의 고통이 있고, 죄 때문에 환란이 있다. 죄 때문에 슬픔이 있고, 죄 때문에 어리석음이 있다. 죄 때문에 넘어짐이 있고, 죄 때문에 곤란이 있다.

죄 때문에 거짓말쟁이가 되었고, 죄 때문에 하나님의 미워하심이 되었고, 죄 때문에 사람을 신뢰하고, 방백들을 신뢰하게 되고, 죄 때문에 에워쌓임이 있고, 죄 때문에 교만이 있고, 죄 때문에 조롱당함이 있고, 죄 때문에 노예로 잡힘이 된다.

죄 때문에 옛 규례대로 살고, 죄 때문에 거짓된 입술이 되고, 죄 때문에 화가 있고, 죄 때문에 장애물이 있고, 죄 때문에 원한이 있고, 구하지 아니함도 죄이고, 죄 때문에 대적이 있고, 죄 때문에 미워함과 싫어함이 있고, 죄 때문에 악을 좇고, 죄 때문에 괴사한 혀가 되고, 죄 때문에 싸움이 있고, 실족함이 있고, 죄 때문에 멸시와 조소가 있다.

이런 죄 아래 있는 나를 구원하시기 위해 예수님이 처절한 십자가에 달려 피를 흘려 죗값을 다 치르시고 온갖 저주를 담당하시고 죽으셨다. 그리고 삼일 만에 부활하심으로 새 생명으로 승리를 주셨다.

이 끔찍한 죄의 저주에서 건져 주실 분은 오직 예수밖에 없다. 예수님을 믿음으로 영접하고 죄와 저주로부터 자유함을 입은 기쁨과 평안함에 할렐루야 찬송이 절로 나온다. 지금도 말씀과 기도로 깨어있지 아니하면 악한 마귀가 죄로 공격하여 나를 넘어뜨리려 엿보니 늘 예수 십자가 은혜에 감사하며 예수 피를 호소해야 한다.

돈이 우상이 되면 돈 때문에 상처받고 돈 때문에 넘어지고 마음에 평안과 안식이 없고 마음속의 전쟁이 끝이 안난다.

자녀는 엄마의 마음도 모르고 입장도 모른다. 돈이 없는데도 "맛있는 것 사달라, 옷 사달라, 돈 달라"라고 불만, 투정, 성질부리고 안 준다고 속상해하고 미워하고 정죄하고 감사하지 않고 자기 입장만 강하게 내세우고 자기 기준만 내세우고 자기 생각만 내세운다.

이런 상황에서 나를 점검해 본다.

내 안은 온통 돈이 주인이었다.

돈 때문에 기뻐하고, 돈 때문에 미워하고, 돈 때문에 주님도 안 보이고, 돈 때문에 싸우고, 돈 때문에 죄짓고, 돈을 사랑하고, 돈 가지고 있는 자를 부러워하고, 돈을 마음대로 쓰는 자를 부러워하고, 통장에 돈이 들어왔나만 생각하고, 돈 때문에 마음이 곪아 터지고, 돈 때문에 마음이 쓰리고, 아픔을 겪으며 온통 애쓰고 힘쓰고 있다.

어느덧 돈이 나의 주인이고, 돈을 사랑하고, 돈을 의지하고 있다. 돈에 다스림을 받고 있는 나를 보며 "정신 차리지 않으면 지옥 가겠다. 나의 주인이 바뀌고 있으니 주여, 주여, 주여, 안 됩니다. 살려 주세요. 주님께 통치 받기를 원합니다. 돈에 통치 받는 자가 되지 않기를 원합니다. 주님 자리에 돈이 자리 잡고 있어요. 정신 차리게 해주세요"라고 기도한다.

자녀를 통해 나의 거울이 되어 비춰주시니 감사

온통 거울에 예수님은 안 보이고 돈만 있네요.

돈이 가려서 빛도 없고 생명도 안 보이고 내 영혼이 깜깜해졌네요.

주여, 이 모습 이대로 주님의 십자가 앞에 올려드립니다.

●주님의 보혈로 깨끗게 해주시니 감사. ●나를 회복시켜주시니 감사. ●고쳐주시니 감사. ●돈 때문에 만족한 자가 아니라 예수님 때문에 만족하게 하심을 감사. ●예수님 때문에 행복하게 되었음을 감사. ●예수님 때문에 승리하게 되었음을 감사. ●예수님만이 나의 주인이요, 나의 소망이요, 나의 기쁨이요, 나의 존재 이유요, 나의 모든 것이요, 나의 능력이요, 나의 재산이요, 나의 친구요, 나의 신랑이요, 나의 인도자요, 나의 통치자요, 나의 사랑이요, 산 포도 나무요, 나는 그의 극상품 포도 열매가 됨을 감사.

돈으로 남과 비교한다. 늘 돈을 빌려달라고 한다.
써야 될 일만 크게 보고 없는 것만 크게 보면서 문제에 짓눌리고 근심에 짓눌리고 기쁨을 잃고 감사를 잃고 죄만 짓고 죄의 종이 된 것을 보면서 완전 영적 내 모습임을 깨달았다.
"주여, 이 모습 이대로 십자가 앞에 올려드립니다. 나를 용서하소서."

●마귀에게 빌미 거리를 주고 마귀 일만 한 것을 용서해 주시니 감사. ●예수님께서 회복시켜 주시니 감사. ●예수님 때문에 나는 부자요 나는 넉넉한 자요 풍성한 자요 부족함이 없는 자요 필요할 때 늘 쓸 수 있고 줄 수 있고 나눌 수 있는 자가 됨을 감사. ●예수님 때문에 부족함이 없음을 감사.

내 심령에, 가정에, 교회에, 예수 생명으로, 예수 사랑으로 충만히 채워질찌어다.

물질로 풍성히 채워질찌어다.
우리 가정에, 통장에, 물질이 항상 쓰고 싶을 때 쓰고 나누고 줄 수 있도록 차고 넘칠찌어다.

 ## 행복이 없고 곤고한 삶

●세미나 인도하심에 감사. ●큰 은혜 입혀주시니 감사. ●입을 크게 벌려 "아멘" 하게 하시니 감사. ●입을 크게 벌려 "아멘"으로 말씀을 한 구절도, 한마디도 남김없이 다 크게 받아먹으니 감사. ●영이 쑥쑥 자라게 하시니 감사. ●부정적 생각을 다 제거하시니 감사. ●부정적인 마음은 다 제거하시니 감사. ●은혜 못 받게 회복 못하게 치료 못 받게 하는 악한 사탄 귀신들을 예수 이름으로 묶임을 받고 떠나가게 하시니 감사. ●졸음으로 혼미케 하고 말씀(생명) 못 듣게 하는 악한 영은 나와 상관이 없음을 감사.

"고정 관념으로 생명 말씀 못 먹게 하고 예수 생명 회복 못하게 하는 악한 영은 떠나갈찌어다. 거부 반응으로 의심으로 허망한 생각으로 비교의식으로 마음 문 열지 못하게 하는 악한 영, 원수 맺게 하는 악한 영, 우월감으로, 교만으로, 판단으로, 계산함으로, 돈 때문에 은혜 못 받게 하고 시험 들게 하고 상처 받게 하는 악한 영아, 불신으로 맡기지 못하게 하고 혈기, 고집, 자아, 부정적 사고방식과 사람 때문에 시험 들게 하고, 말 때문에 시험 들게 하는, 가까운 사람 통해 시험 들게 하는 악한 영, 가족을 사랑하지 못하게 하는 영, 용서하지 못 하게 하는 영, 조급함 때문에 실수하게 하는 영, 돈 문제로 도중에 포기시키는 악한 영, 나아가는 길을 방해하고 가로막는 악한 영은 묶임을 받고 다 떠나갈찌어다!!!.

반항하고 불평하고 산만하게 하는 영, 인색하게 하는 영들아, 다 떠나갈찌어다!!!"

겸손히 부탁하고 양해를 구하기보다 명령하고 사랑 없이 말하고 냉정하고, 부탁보다 성질부터 부리고, 부탁보다 혈기 부리고 자기 생각 때문에 상대방의 길을 막고 자기 계산 때문에 상대방의 길을 막고 염려가 된다고 의논하지 않고 일방적으로 판단해 결정을 내리고 통보만 하고 본업과 부업을 분별하지 못하고 맡겨진 사명보다 부수적인 일에 치중하고 말에 독이 들어있어 듣는 자에게 상처를 준다.

하나님의 음성에 실천하지 않고 하나님이 깨달으라고 붙여준 거울을 인정하지 않고 배운 것을 실천하지 않고 순종하지 않고 실행하지 않고 상대방의 한 가지 부족을 보고 수십 가지를 판단하고 정죄하고 손가락한다. 과장하여 생각하고 판단하고 정죄하고 비판하고 부정적 결과를 바라보고 판단하고 부정적 결론을 내린다.

양치질을 잘하지 않고 깨끗하게 씻지 않고 방탕하고 자기 일에 충실치 않고 다른 일에 충실하고 마음과 생각, 행동이 분리되고 애지중지하는 일을 깨지게 하고 꿈과 비전을 깨지게 하고 상대를 힘들게 하고 꼭 해야 할 일을 미루고 나중에 해도 될 일을 조급하게 미리 저질러버리고 꼭 해야 할 일은 넘어가고 "미안하다"라고 표현하지 않고 "잘못했다"라고 표현하지 않고 "용서해 달라"라고 표현하지 않고 양해 구하지 않고 돈이 들어와도 "어디서 얼마 들어왔다"라고 말하지 않고 "하나님이 누구를 통해 얼마 보내주셨다"라고 말하지 않고 늘 돈이 없다고 말한다.

늘 돈 앞에는 우는 소리만 하고 주신 것 감사하지 않고 부족한 것만 말하고 돈 달라면 꼭 "뭐 할 거냐?"라고 이유를 묻고 줄 때마다 넉넉하게 주지 않고 늘 인색하게 주고 또 필요한 것보다 부족하게 주면서 늘 없다고 한다. 돈 줄 때마다 긍정적으로 웃으면서 주지 않고 쓸 수 있고 줄 수 있어 감사함으로 주지 않고 꼭 자기가 주인인 것처럼 따지고 묻고 넉넉하게 주지 않으면서 "벌써 다 썼냐?"라고 묻고 "남았나?"라고 묻는다. 이 때문에 나에겐 늘 행복이 없고 곤고하다.

그러나 이 모든 것이 하나님이 비쳐준 나의 거울이었다. 죄로 인한 지옥의 삶을 청산해 주시려고 내 안에 잔류해 있는 죄를 하나하나 발견하여 회개시켜주의 보혈로 깨끗하게 해주셔서 내 안에 천국을 이루심에 하나님의 대공사가 계속해서 거울을 보내주신다.
제일 큰 거울은 성경 말씀이요, 그다음은 내 옆, 내 주변에 있는 사람이요, 그다음은 환경과 사건을 통해 내 속에서 올라오는 온갖 옛사람이다.

"이는 그리스도 예수 안에 있는 생명의 성령의 법이 죄와 사망의 법에서 너를 해방하였음이라 율법이 육신으로 말미암아 연약하여 할 수 없는 그것을 하나님은 하시나니 곧 죄로 말미암아 자기 아들을 죄 있는 육신의 모양으로 보내어 육신에 죄를 정하사 육신을 따르지 않고 그 영을 따라 행하는 우리에게 율법의 요구가 이루어지게 하려 하심이라…"(롬 8:2-14)

● 예수님 때문에 육신에 있는 자가 아님을 감사. ● 예수님 때문에 율법에 있는 자가 아님을 감사. ● 예수님 때문에 죄의 종이 아님을 감사. ● 예수님 때문에 승리했음을 감사. ● 예수님 때문에 미워하는 자가 아님을 감사. ● 예수님 때문에 사랑하는 자 임을 감사. ● 나를 인도하신 것 감사. ● 은혜 부어주시니 감사. ● 예수 생명, 예수 사랑으로 회복시켜 주시니 감사. ● 축복하시니 감사. ● 모든 것이 나의 큰 거울이니 감사.

"주여! 끝없이 보내주시는 거울 선물에 감사드립니다.
거울 속에 보이는 나의 크고 작은 죄악과 허물과 실수,
주님의 십자가 앞에 올려드립니다.
주여, 불쌍히 여기소서.
나에게 필요한 것은 오직 예수 피입니다.
십자가의 피로 날 낳으시고 날 대속하시고 구원하신
주님의 보혈을 찬양합니다.
예수 피의 펄펄 끓는 사랑의 용광로에

날마다 들어가 녹기를 원합니다.

온갖 죄악과 옛사람과 육의 소욕들, 끝없이 올라오는 죄성,

육성, 악성, 독성 다 제하시고 예수 형상 만드소서.

예수 인격으로 빚으소서.

겸손하고 온유한 예수 마음으로 빚으소서.

예수 생명으로 예수 사랑으로 빚으사

예수 향기 나타내소서."

적은 소득이든 많은 소득이든

하나님이 내게 주신 소득에서만 감사하고

물질을 규모 있게 잘 사용할 수 있게

성령님 붙들어 주옵소서.

작은 것에도 감사하며 자족할 수 있게 하옵소서."

"여호와를 경외하는 것은 악을 미워하는 것이라 나는 교만과 거만과 악
한 행실과 패역한 입을 미워하느니라"(잠 8:13)

5장

감사 잔치

"여호와께 감사하라 그는 선하시며 그의 인자하심이 영원함이로다"(시편 118:1)

●머리가 건강함에 감사. ●뇌와 골이 건강하니 감사. ●모든 신경이 건강하니 감사. ●모든 세포도 건강하니 감사. ●근육도 건강하니 감사. ●피부도 건강하니 감사. ●머리카락도 건강하니 감사. ●핏줄, 힘줄도 건강하니 감사. ●생각이 건강하니 감사. ●정신이 건강하니 감사.

●눈이 건강하니 감사. ●볼 수 있어 감사. ●안경 쓰지 않아 감사. ●성경 볼 수 있어 감사. ●공부할 수 있어 감사. ●가족 볼 수 있어 감사. ●사람 볼 수 있어 감사. ●사물 볼 수 있어 감사. ●각종 채소 볼 수 있어 감사. ●각종 과일 볼 수 있어 감사. ●각종 생선 볼 수 있어 감사. ●각종 반찬 볼 수 있어 감사. ●음식 볼 수 있어 감사. ●보니까 일할 수 있어 감사. ●보

니까 걸어 다닐 수 있어 감사. ●보니까 지팡이 필요 없고 다른 사람 도움받지 않아도 되니 감사. ●눈의 중요성을 깨달으니 감사. ●눈의 고마움을 깨달으니 감사. ●눈을 사랑하게 됨을 감사. ●눈을 주신 하나님께 감사할 수 있어 감사. ●눈은 한 지체로되 많은 역할과 일을 하고 있음을 깨달으니 감사. ●오늘까지 눈의 건강 주심을 감사하게 하시니 감사.

●눈을 만드신 하나님께 감사. ●눈의 주인이신 하나님께 감사. ●말씀을 봄으로 하나님을 만나게 하신 하나님께 감사. ●신령한 눈도 열어주시니 감사. ●앞을 바라보는 소망의 눈도 주시니 감사. ●주님의 영광을 위해서 이 땅에 사는 동안 사명을 따라 잘 사용되어지게 눈의 건강을 주신 하나님께 감사 찬양 경배 영광을 돌리게 됨을 감사.

●눈썹을 주신 하나님께 감사. ●얼굴의 좋은 위치에 눈썹을 주신 하나님께 감사. ●건강한 눈썹을 주신 하나님께 감사. ●예쁜 눈썹을 주신 하나님께 감사. ●눈썹의 귀중성을 알고 깨닫게 하시니 감사.

●건강한 코를 주신 하나님께 감사. ●호흡할 수 있게 하시니 감사. ●냄새 맡을 수 있게 하시니 감사. ●예쁜 코를 주신 하나님께 감사. ●코 뼈도 건강하니 감사.

●입을 주신 하나님께 감사. ●건강한 입을 주신 하나님께

감사. ●말할 수 있어 감사. ●음식을 먹을 수 있어 감사. ●맛을 느낄 수 있어 감사. ●찬송할 수 있어 감사. ●기도할 수 있어 감사. ●전도할 수 있어 감사. ●대화할 수 있어 감사. ●예쁜 입을 주신 하나님께 감사. ●건강한 혀를 주신 하나님께 감사.

●건강한 치아를 주신 하나님께 감사. ●지금까지 건강한 치아를 주셔서 음식을 맛있게 잘 씹어 먹게 하신 것 감사. ●이로 인해 건강 주신 것 감사. ●이로 인해 먹는 기쁨의 복을 주신 것 감사. ●앞니가 튼튼하고 건강한 것 감사. ●윗니가 건강한 것 감사. ●왼쪽 어금니가 있으니 감사. ●오른쪽 어금니 뽑고 나니 안 아파서 감사. ●음식을 먹을 수 있어 감사. ●불편함을 느끼고 아픔을 느껴보니 건강한 치아를 주신 하나님께 감사할 수 있어 감사. ●치아의 중요성을 알게 되니 감사. ●고마움을 알게 되니 감사. ●또 치아를 주신 하나님께 감사.

●나의 인생의 주인 되신 하나님께 감사. ●물건도 만든 이가 있고 주인이 있듯이 나를 만든 이도 하나님이심을 감사. ●물건도 고장 나고 부러질 때 서비스센터가 있고 정비 공장이 있고 병원이 있는 것 같이 나의 주인이신 하나님, 나의 치아가 아프고 빠지고 없는 부분 고치시고 보충하시고 온전케 하사 육을 가지고 살아가는 동안 불편 없이 하나님 영광을 위해 채워주실 줄 믿고 감사. ●음식 잘 씹어먹게 하심을 감사. ●사용

설명서, 주의 사항을 강조하여 깨닫게 하시니 감사. ●소화도 잘하게 하신 것 감사.

●귀를 주신 하나님께 감사. ●들을 수 있어 감사. ●귀로 인해 만 가지 받은 은혜 깨닫게 되니 감사. ●귀의 중요성을 깨닫게 되니 감사. ●말씀을 들을 수 있어 감사. ●만 가지 소리를 들을 수 있어 감사. ●건강한 목을 주신 것 감사. ●건강한 성대 주신 것 감사. ●건강한 팔 주신 것 감사. ●건강한 팔꿈치 주신 것 감사.

●건강한 손 주신 것 감사. ●건강한 손바닥 주신 것 감사. ●건강한 손등 주신 것 감사. ●건강한 손톱 주신 것 감사. ●건강한 것 감사. ●두 팔이 다 건강한 것 감사. ●두 손이 다 건강한 것 감사. ●열 손가락이 건강한 것 감사. ●열 발톱이 건강한 것 감사. ●걸어 다닐 수 있어 감사. ●앉을 수 있어 감사. ●누울 수 있어 감사. ●뛸 수 있어 감사. ●올라갈 수 있어 감사. ●내려갈 수 있어 감사. ●마음대로 움직일 수 있어 감사. ●물건을 들 수 있어 감사. ●글을 쓸 수 있어 감사. ●운전할 수 있어 감사. ●건강한 엉덩이가 있어 감사. ●앉을 수 있어 감사. ●오래 앉아 있을 수 있어 감사. ●일할 수 있어 감사. ●손으로 만 가지 일할 수 있는 은혜 주신 것 감사.

●건강한 위 주신 것 감사. ●건강한 간 주신 것 감사. ●대장, 소장 건강한 것 감사. ●방광 건강한 것 감사. ●자궁 건강

한 것 감사. ●항문 건강한 것 감사. ●대소변 잘 보게 되는 것 감사.

　●내 마음속에 성령님이 계신 것 감사. ●이런 나를 의의 병기로 사용하시니 감사. ●원죄를 용서해 주심을 감사. ●생각으로 지은 죄 용서해 주시니 감사. ●마음으로 지은 죄 용서해 주시니 감사. ●지식으로 지은 죄 용서해 주시니 감사. ●지능으로 지은 죄 용서해 주시니 감사. ●꾀로 지은 죄 용서해 주시니 감사. ●계산적으로 지은 죄 용서해 주시니 감사. ●습관적으로 지은 죄 용서해 주시니 감사. ●성격상 지은 죄 용서해 주시니 감사. ●유전적으로 지은 죄 용서해 주시니 감사. ●환경적으로 지은 죄 용서해 주시니 감사. ●어리석음으로 지은 죄 용서해 주시니 감사. ●미련하여 지은 죄 용서해 주시니 감사. ●무지하여 지은 죄 용서해 주시니 감사. 고의적으로 지은 죄 용서해 주시니 감사. 연약하여 지은 죄 용서해 주시니 감사. ●체면 때문에 지은 죄 용서해 주심을 감사. ●욕심 때문에 지은 죄 용서해 주심을 감사. ●시기와 질투 때문에 지은 죄 용서해 주시니 감사. ●알면서도 지은 죄 용서해 주시니 감사.

　●고집 때문에 지은 죄 용서해 주심을 감사. ●긴장 때문에 지은 죄 용서해 주심을 감사. ●흥분 때문에 지은 죄 용서해 주심을 감사. ●눈으로 지은 죄 용서하심을 감사. ●귀로 지은 죄 용서하심을 감사. ●입으로 지은 죄 용서하심을 감사. ●말로 지은 죄 용서하심을 감사. ●손으로 지은 죄 용서하심을 감사.

●나의 죄를 용서하기 위해 예수님 보내주심을 감사. ●예수님 나를 대신하여 십자가 못 박혀 나의 죄를 담당해 주셨음을 감사. ●양 같은 나의 죄를 예수님께 담당시켰음을 감사. ●예수님이 나의 죄를 담당하여 주셨음을 감사. ●나를 용서해 주셨음을 감사. ●죄 없다 인정해 주심을 감사. ●하나님 자녀 삼아 주신 것 감사. ●천국 백성 삼아 주신 것 감사. ●하나님 사랑 안에 거하게 하심을 감사. ●하나님 축복 안에 있게 하심을 감사. ●내 스스로 죄 문제 해결할 수 없기 때문에 예수님 보내주신 것 감사. ●내 스스로 열매 맺을 수 없기 때문에 성령님 보내주신 것 감사. ●성령님이 나의 보호자가 되시니 감사. ●나를 인도하시니 감사. ●나를 간섭하시니 감사. ●나를 도와주시니 감사. ●나를 사랑하시니 감사. ●나를 고치시니 감사. ●나를 키워 주시니 감사. ●나를 붙들어주시니 감사. ●나를 사용하시니 감사.

●지혜롭게 함을 감사. ●공평하게 함을 감사. ●정직하게 행하게 함을 감사. ●훈계를 받음을 감사. ●어리석음을 지혜롭게 함을 감사. ●지식과 근신함을 주시니 감사. ●지혜 있는 자로 듣고 학식을 더 하게 하시니 감사. ●명철한 자로 모략을 얻게 하시니 감사. ●잠언과 비유와 지혜 있는 자의 말과 그 온유한 말을 깨닫게 하심을 감사. ●여호와를 경외하는 것이 지식의 근본이거늘 지혜로 훈계를 듣고 깨닫는 자 되게 하심을 감사. ●하나님의 훈계를 들으며 하나님의 법을 떠나지 않음

을 감사. ●악한 자와 길에 다니지 않음을 감사. ●그 발을 금하여 악한 자의 길을 밟지 않음을 감사. ●듣고 돌이키게 하심을 감사.

●하나님의 모든 교훈을 멸시한 것 용서하시니 감사. ●하나님의 교훈을 받지 않은 것 용서하시니 감사. ●미련하여 지식을 미워한 것 용서하시니 감사. ●하나님이 부를 때 듣기 싫어한 것 용서하시니 감사. ●하나님이 손을 펼 때 돌아보지 않은 것 용서하시니 감사. ●어리석은 퇴보를 용서하시니 감사. ●미련함으로 안일한 것 용서하시니 감사. ●오직 하나님을 듣고 안연히 살며 재앙의 두려움 없이 평안하게 하시니 감사. ●하나님의 말을 받으며 하나님의 계명을 간직하게 하시니 감사. ●귀를 지혜에 기울이며 마음을 명철에 두게 하시니 감사. ●지식을 불러 구하며 명철을 얻으려고 소리를 높이게 하심을 감사.

●정직한 길에서 떠나 어두운 길을 행한 것 용서하시니 감사. ●행악하기를 기뻐한 것 용서하시니 감사. ●악인의 패역을 즐거워한 것을 용서하시니 감사. ●나의 길이 구부러지고 행위가 패역한 것 용서하시니 감사. ●지혜가 나를 선한 자의 길로 행하게 하시니 감사. ●또 의인의 길을 지키게 하시니 감사. ●정직한 자로 땅에 거하게 하시니 감사. ●완전한 자로 땅에 남아있게 하시니 감사. ●나로 하나님의 법을 잊어버리지

말고 하나님의 명령을 지키게 하시니 감사.

●나를 장수하여 많은 해를 누리게 하며 평강을 더하여 주시니 감사. ●나를 하나님과 사람 앞에 은총과 귀중히 여김을 받게 하시니 감사. ●인자와 진리로 나를 떠나지 않게 하시니 감사. ●마음을 다하여 하나님을 의지하고 자기 명철을 의지하지 않으니 감사. ●범사에 하나님을 인정하게 하시니 감사. ●길을 지도 받게 하시니 감사. ●스스로 '지혜롭다' 여기지 않게 하시니 감사. ●하나님을 경외하며 악을 떠나게 하시니 감사. ●말씀이 나의 몸에 양약이 되어 골수로 윤택하게 하시니 감사. ●재물과 소산물의 처음 익은 열매로 하나님을 공경하게 하시니 감사. ●창고가 가득히 차고 나의 포도즙 틀에 새 포도즙이 넘치게 하시니 감사. ●하나님의 징계를 경히 여긴 것 용서하시니 감사. ●그 꾸지람을 싫어한 것 용서하시니 감사. ●하나님의 징계를 경히 여기지 않게 하시니 감사. ●그 꾸지람을 싫어하지 않게 하시니 감사. ●나를 사랑하셔서 징계하시기를 마치 아비가 그 기뻐하는 아들을 징계함같이 하시니 감사.

●지혜를 얻고 명철을 얻은 자로 복이 있게 하시니 감사. ●지혜 얻은 것이 은을 얻는 것보다 낫고 그 이익이 정금보다 나음을 감사. ●지혜는 진주보다 귀하니 나의 사모하는 모든 것으로 이에 비교할 수 없음을 감사. ●지혜는 우편 손에는 장수

가 있고 좌편 손에는 부귀가 있다 하시니 감사. ●주님과 함께 하는 길은 즐거운 길이 됨을 감사. ●주님의 길의 첩경은 다 평강이니 감사. ●지혜는 그 얻은 나에게 생명나무가 되게 하시니 감사. ●지혜를 가진 나는 복 됨을 감사. ●하나님께서 지혜로 땅을 세우셨으며 명철로 하늘을 굳게 펴셨고 그 지식으로 해양이 갈라지게 하셨으며 공중에서 이슬이 내리게 하셨음을 찬양하며 감사. ●나에게 완전한 지혜와 근신을 지키게 하시니 감사. ●이것들을 나에게서 떠나지 않게 하시니 감사. ●그것이 내 영혼의 생명이 되며 내 목에 장식이 되게 하시니 감사. ●나를 자기 길에 안연히 행하게 하시니 감사.

●나의 발에 거치지 아니하게 하시니 감사. ●내가 누울 때에 두려워 아니하게 하시니 감사. ●누운 즉시 잠이 달게 하심을 감사. ●나는 창졸간의 두려움이나 악인의 멸망이 임할 때나 두려워 아니하게 하심을 감사. ●하나님은 나의 의지할 분이시니 감사. ●나의 발을 지켜 걸리지 않게 하시니 감사. ●나의 손이 선을 베풀 힘이 있을 때 마땅히 받을 자에게 베풀기를 아끼지 말게 하시니 감사. ●이웃에게 "갔다가 다시 오라. 내일 주겠노라" 하지 않게 하시니 감사. ●이웃이 저의 곁에서 안연히 살면 그를 모해하지 않게 하시니 감사. ●사람이 나에게 악을 행하지 아니하였거든 까닭 없이 더불어 다투지 아니함을 감사. ●포악한 자를 부러워 말게 하시니 감사. ●아무 행위든지 좇지 않게 하시니 감사. ●나의 집에는 복이 있으니 감

사. ●겸손한 사람에게 은혜를 베푸시니 감사.

　●지혜로운 사람에게 영광을 기업으로 받게 하시니 감사.
●미련함이 현달함을 용서하시니 감사. ●하나님의 훈계를 들
으며 명철을 얻기에 주의하게 하시니 감사. ●하나님이 선한
도리를 나에게 전하여 주시니 감사. ●하나님의 법을 떠나지
않게 하시니 감사. ●하나님 아버지가 나에게 가르쳐 이르기
를 "내 말을 네 마음에 두라. 내 명령을 지키라. 그리하면 살리
라" 하시니 감사. ●하나님 말씀을 마음에 두게 하시니 감사.
●하나님의 명령을 지키게 하시니 감사.

　●지혜를 얻으며 명철을 얻으며 하나님의 입의 말을 잊지
말며 어기지 말게 하시니 감사. ●지혜를 버리지 말게 하시니
감사. ●지혜가 나를 보호하시니 감사. ●지혜를 사랑하게 하
시니 감사. ●지혜가 나를 지키시니 감사. ●지혜가 제일이니
지혜를 얻게 하시니 감사. ●무릇 얻은 것을 가져 명철을 얻게
하시니 감사. ●지혜를 높이게 하시니 감사. ●지혜가 나를 높
이 들어주시니 감사. ●지혜를 품게 하시니 감사. ●지혜가 나
를 영화롭게 하니 감사. ●지혜가 아름다움을 내 머리에 두게
하심을 감사. ●영화로운 면류관을 나에게 주리라 하시니 감
사. ●오늘도 "사랑하는 내 자녀야! 내 말을 받으라" 하시니 감
사. ●"우리 생명의 해가 길리라" 하시니 감사.
　●하나님의 말을 받는 자 되게 하시니 감사. ●정직한 첩경

으로 나를 인도하시니 감사. ●다닐 때에 나의 걸음이 곤란치 아니함을 감사. ●달려갈 때 실족치 않게 하심을 감사. ●훈계를 굳게 잡아 놓치지 않게 하시니 감사. ●사특한(사악한, 나쁜) 자의 첩경에 들어가지 않게 하시니 감사. ●악인의 길로 다니지 않게 하심을 감사. ●그 길을 피하게 하심을 감사. ●지나가지 말게 하시니 감사. ●돌이켜 떠나가게 하심을 감사. ●나의 길을 햇볕 같게 하심을 감사. ●점점 빛나서 원만한 광명에 이르게 하심을 감사. ●아버지 하나님의 말씀에 주의하며 하나님 아버지의 이르는 말씀에 귀를 기울이게 하시니 감사. ●말씀이 나의 눈에서 떠나지 않게 하시니 감사. ●말씀이 내 마음 속에 지키게 하시니 감사. ●말씀이 나에게 생명이 되며 그 온 육체의 건강이 됨을 감사.

●무릇 지킬만한 것보다 더욱 내 마음을 지키게 하심을 감사. ●궤휼을 내 입에서 버리게 하시니 감사. ●궤휼을 내 입술에서 멀리하게 하시니 감사. ●내 눈이 주님만 바라보게 하심을 감사. ●나의 눈꺼풀이 내 앞을 곧게 살피게 하시니 감사. ●나의 행할 첩경을 평탄케 하시니 감사. ●나의 모든 길을 든든하게 하시니 감사. ●우편으로나 좌편으로나 치우치지 않고 나의 발을 악에서 떠나게 하시니 감사. ●나에게 하나님의 지혜에 주의하며 하나님의 명철에 귀 기울이게 하시니 감사. ●근신을 지키며 나의 입술로 지식을 지키도록 하시니 감사. ●나의 길을 음녀에게서 멀리하게 하시니 감사. ●음녀의 집 문

에도 가까이 가지 않게 하시니 감사.

●나의 존영이 남에게 잃어버리지 않게 하시니 감사. ●나의 수한이 빼앗기지 않게 하시니 감사. ●하나님의 훈계를 귀히 여기며 즐거워하게 하시니 감사. ●나의 마음이 하나님의 꾸지람을 중히 여기게 하심을 감사. ●하나님의 목소리를 청종하게 하시니 감사. ●가르치는 이에게 귀를 기울이게 하심을 감사. ●나의 길을 하나님의 눈앞에 있음을 알게 하시니 감사. ●하나님이 나의 모든 길을 평탄케 하시니 감사. ●훈계를 받지 아니함으로 인하여 영혼을 죽게 한 것 병들게 한 것 용서해 주시니 감사. ●미련함이 많음으로 혼미하게 되었음을 용서하시니 감사. ●이웃을 위하여 담보했던 것을 용서해 주시니 감사.

●타인의 보증이 되었던 것 용서하시니 감사. ●나의 말로 내가 얽혔고 내 입의 말로 인하여 잡히게 되었던 것 용서하시니 감사. ●풀어주시고 해결해 주시니 감사. ●게으름을 용서하시니 감사. ●고쳐 주시니 감사. ●"게으른 자여, 네가 어느 때까지 눕겠느냐? 네가 어느 때에 잠이 깨어 일어나겠느냐?" 하시니 감사. ●지적하시고 책망해 주시니 감사. ●"좀 더 자자. 좀 더 졸자. 손을 모으고 좀 더 눕자"라고 한 것 용서하시니 감사. ●이 게으른 체질을 변화시켜 주시니 감사.

"여호와께서 미워하시는 것 곧 그의 마음에 싫어하시는 것이 예닐곱 가지이니"(잠 6:16)

"내가 나의 마음에 죄악을 품었더라면 주께서 듣지 아니하시리라 그러나 하나님이 실로 들으셨음이여 내 기도 소리에 귀를 기울이셨도다 하나님을 찬송하리로다 그가 내 기도를 물리치지 아니하시고 그의 인자하심을 내게서 거두지도 아니하셨도다"(시 66:18-20)

●죄악이 나를 이기었음을 용서하시니 감사. ●죄악을 다스리고 이길 힘을 주시니 감사. ●말씀에 은혜받게 하시니 감사. ●나에게 말씀으로 역사하시니 감사. ●내 마음에 죄악을 품으면 듣지 않는다 했는데 실로 들으시고 내 기도에 주의하셨음을 감사. ●내 기도를 물리치지 아니하셨음을 감사. ●그 인자하심을 내게서 거두지 아니하셨음을 감사.

 ## 찬송이 나의 간절한 감사 기도가 되었으니 감사

●하늘에 가득한 영광의 하나님이 나의 하나님이시니 감사. ●생명과 빛으로 지혜와 권능으로 언제나 나를 지키시는 하나님께 감사. ●사랑이 넘치는 자비하신 하나님이 나의 하나님이시니 감사. ●은혜가 풍성한 구원의 하나님께 감사. ●참회의 심령에 평안을 주시니 감사. ●나의 죄악과 허물을 용서하

여 주시는 하나님께 감사. ●나의 연약한 심령을 굳게 세워 주시니 감사. ●우둔한 마음을 지혜롭게 하시고 주님의 뜻 받들어 참되게 살아가며 주님 말씀 따라서 용감하게 하시니 감사. ●주님 앞에 나올 때 나의 마음이 기쁘니 감사. ●말씀이 힘 되어 희망 솟아오르게 하시니 감사. ●고난도 슬픔도 이기게 하시니 감사. ●영원에 잇대어 살아가게 하시니 감사.

　●성부와 성자와 성령, 구원의 하나님께 감사. ●나의 삶의 예배를 받아 주시니 감사. ●찬송과 영광과 생명, 구원의 하나님께 감사. ●나의 삶의 예배를 받아 주시니 감사. ●권능과 지혜와 사랑, 구원의 하나님께 감사. ●나의 자랑과 기쁨 되시고 구원의 하나님, 나의 삶의 예배를 받아 주시니 감사. ●찬송이 나의 간절한 기도가 되니 너무너무 감사. ●예수님은 나의 예배를 받아 주시니 감사. ●예수님은 나의 힘이 되시니 감사. ●예수님은 생명이 되시니 감사.

　●구주 예수 떠나가면 죄 중에 빠지니 하나님의 영광을 위해서 떠나 지도 버리지도 않으신 신실하신 하나님께 감사. ●예수님은 나의 힘이요 친구 되시니 감사. ●주님의 은혜를 간구하면 풍성히 받게 하시니 감사. ●햇볕과 비를 주시어 추수할 곡식 많으니 감사. ●귀한 열매 주시는 예수님께 감사. ●예수님은 나의 힘이요, 기쁨 되시니 감사. ●그 명령을 준행하여 늘 충성하게 하시니 감사.

6장

예수님은 누구신가?

"시몬 베드로가 대답하여 이르되 주는 그리스도시요 살아 계신 하나님의 아들이시니이다"(마 16:16)

●우는 자녀 위로와 없는 자의 풍성이니 감사. ●천한 자의 높음과 잡힌 자의 놓임 되니 감사. ●나의 기쁨 되시니 감사. ●약한 자의 강함과 눈먼 자의 빛이시니 감사. ●병든 자의 고침과 죽은 자의 부활되고 나의 생명 되시니 감사. ●추한 자의 정함과 죽은 자의 생명이시니 감사. ●죄인들의 중보와 멸망자의 구원되시니 감사. ●나의 평화 되시니 감사. ●온 교회의 머리와 만국인의 구주시니 감사. ●모든 왕의 왕이시니 감사. ●심판하실 주님 되고 나의 영광되시니 감사. ●성령의 은사를 나에게 채워주시니 감사. ●주님의 사랑 본받아 살게 하시니 감사. ●성령의 은사를 나에게 채우사 정결한 마음 가지고 행하게 하시니 감사. ●성령의 은사를 나에게 채우사 더러운 세상 물욕을 다 태워주시니 감사. ●또 영원한 주님 나라에 살

게 하시니 감사.

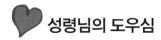 성령님의 도우심

●나 찬송 부를 때 진심으로 찬양하게 하시니 감사. ●나 기도드릴 때 내 곁에 계셔 일러 주시니 감사. ●나 성경 읽을 때 그 속에서 빛을 보게 하시니 감사. ●나 전도할 때에 지혜로운 말씀 주시니 감사. ●나 겸손해져서 우리 주와 같이 되게 하시니 감사. ●영화로우신 주 성령, 나의 마음에 비추사 어둠을 몰아내시고 밝게 하여 주시니 감사. ●전능하신 주 성령, 성결하게 하시고 나의 마음을 괴롭힌 죄 멸해 주시니 감사. ●화평하신 주 성령, 슬픈 마음에 오셔서 온갖 괴로움 없애고 기쁜 마음을 주시니 감사. ●신령하신 주 성령, 내 마음에 계시사 망령된 일 고치고 홀로 주관하시니 감사. ●주님의 약속하신 말씀 위에서 영원토록 주님을 찬송하게 하시니 감사. ●소리 높여 주님께 영광 돌리며 약속 믿고 굳게 서게 하시니 감사. ●주님의 약속하신 말씀 위에서 세상 염려 나에게 엄습할 때에 말씀으로 힘써 싸워 이기게 하시니 감사. ●약속 믿고 굳게 서게 하시니 감사. ●무한하신 주 성령 내 어두운 성품에 생명 빛을 주시니 감사. ●나의 죄를 씻으사 피곤한 자 힘주며 잃은 양 찾으시니 감사. ●나의 맘에 평안을 이슬같이 내리사 열매 맺게 하시니 감사. ●나의 연약함을 탄식하며 도우사 모든 것 위하시니

감사. ●예수님 말씀 따라서 아버지로 부름을 밝히 가르치시니 감사. ●영생하는 인친 표 기업 얻을 증거니 갈 길 인도하시니 감사. ●진실하신 주 성령 내 곁에 계시사 순례길을 갈 때에 손을 잡아 주시니 감사.

●어디에나 계신 성령님 날 도와 주시사 어둠 속에 헤맬 때 홀로 두지 않으시니 감사. ●모든 수고 끝나고 편히 쉬기 원할 때 하늘나라 밖에는 참된 위로 없음을 감사. ●은혜가 풍성한 하나님은 나에게 어제도 오늘도 언제든지 변치 않고 보호해 주시니 감사. ●성령님의 은사들을 오늘도 나에게 내리어 주시니 감사. ●성령님의 뜨거운 불길로서 오늘도 나에게 충만케 하시니 감사. ●주님의 약속 말씀 위에서 영원하신 주님의 사랑 힘입고 성령님으로 힘써 싸워 이기며 약속 믿고 굳게 서게 하시니 감사. ●주님의 약속하신 말씀 위에서 성령님 인도하는 대로 행하며 주님 품에 항상 안식 얻으며 약속 믿고 굳게 서게 하시니 감사. ●영원하신 말씀 위에 굳게 서게 하시니 감사. ●가물어 메마른 땅에 단비를 내리시듯 성령의 단비를 부어 새 생명 충만케 하시니 감사.

●반가운 빗소리 들려 산천이 춤을 추듯 봄비로 내리는 성령님 내 마음에 충만히 주시니 감사. ●철 따라 우로를 내려 초목이 무성하듯 갈급한 내 심령 위에 성령을 충만히 부어주시니 감사. ●참되신 사랑의 언약으로 오늘에 흡족한 은혜 나에

게 주실 줄 믿고 감사. ●크신 인애를 내 마음에 채우사 그 거룩하신 뜻대로 다 행케 하시니 감사. ●불같은 성령님 나에게 임하사 내 마음을 밝히고 추한 마음과 생각을 다 태워주시니 감사. ●연단으로 나를 정케하시고 온 마음에 두루 비추사 밝게 하시니 감사. ●한평생 내 소원은 주 예수님뿐임을 감사. ● 내 약한 영혼 붙드사 늘 인도하시니 감사. ●비둘기 같은 온유한 은혜의 성령님 나에게 오셔서 거친 마음 어루만져 위로와 평화 주시니 감사. ●나에게 진리의 빛 비추사 주님의 길 바로 걸으며 주님을 옆에 모시고 경건하게 살게 하시니 감사. ●내가 주님과 동행하면서 거룩한 길로 행하며 진리의 예수 붙잡고 길 잃지 않게 하시니 감사.

●연약한 나를 도우사 하늘의 먼 길 다가서 주님의 품에 안기는 영원한 안식 주시니 감사. ●성령 충만 주셔서 강물같이 흐르는 기쁨 주시니 감사. ●내 마음 영원하도록 주님의 거처 되게 하시니 감사. ●나의 생명 소성케 됨은 성령 임하심이니 감사. ●모든 의심 슬픔 사라져 주님의 평강 넘치게 하시니 감사. ●나의 정욕과 죄악에 물든 마음을 성령님의 불길로 태우시니 감사. ●정결케 하시니 감사. ●깨끗하게 하심을 감사. ● 희생의 제물로 돌아가신 우리 주 예수님이 구속의 은혜를 내리시사 오늘도 구원해 주심을 감사. ●주님의 깊으신 은혜만을 세상에 널리 전하게 하시니 감사. ●하늘의 능력과 권세로서 오늘도 나에게 입혀주시니 감사. ●성령님의 은사들을 오

늘도 나에게 내리어 주시니 감사. ●성령님의 뜨거운 불길로
충만케 하시니 감사.

●나를 감화시키고 애통하며 회개할 맘 충만하게 하시니 감
사. ●나에게 크신 권능 주시니 감사. ●성령 충만하게 주시니
감사. ●힘이 없고 연약하고 나에게 성령 충만 주시니 감사. ●
나를 정케하고 위로하사 복을 받게 하시니 감사. ●충만하게
하시니 무한 감사.

●나의 기도 들으시니 감사. ●애통하며 회개할 마음 나에
게 충만하게 하시니 감사. ●간구하는 나에게 지금 강림하셔
서 영광 보여주시니 감사. ●나의 영혼의 소원을 만족하게 하
시니 감사. ●기다리는 나에게 불로 불로 충만케 하시니 감사.
●주님의 제단 불 위에 나의 몸과 영혼과 나의 가진 것 다 바
치게 하시니 감사. ●모든 것 다 바치고 비고 비인 마음에 주의
이름 위하여 성령 충만 주시니 감사. ●구속하신 주님께서 허
락하신 성령님을 믿고 간구하자 지금 내려 주시니 감사. ●주
님의 약속하신 말씀 위에서 성령님 인도하는 대로 행하며 주
님 품에 항상 안식 얻으며 약속 믿고 굳게 서게 하시니 감사.
●영원하신 말씀 위에 굳게 서게 하시니 감사.

●예수님의 이름 힘입어서 죄의 권세 이기게 하시니 감사.
●싸움이 크게 벌어질 때 주의 은혜로 이기게 하시니 감사. ●

믿음의 선한 싸움 싸워 죄악 세상 이기게 하시니 감사. ●극심한 시험 닥쳐와도 쉽게 물리치게 하시니 감사. ●예수님의 피로 죄를 씻고 정결하게 되었음을 감사. ●나의 마음은 하나님의 성전이요 나는 자유 얻었음을 감사. ●싸움이 맹렬해질 때에 낙심하기 쉬우나 어두운 밤 즉시 물러가고 밝은 아침 오게 되니 감사. ●늘 깨어 기도하고 늘 힘써 싸우게 하시니 감사. ●주님의 은혜로 거듭남이 최후 승리 얻게 하시니 감사. ●내가 싸울 것은 혈기가 아니요 육체가 아니니 감사. ●마귀 권세 힘써 싸워 깨쳐버리고 죽을 영혼 살리는 것임을 감사.

●나의 입은 갑옷은 쇠가 아니요 가진 것은 강철이 아님을 감사. ●하나님께 받아서 가진 평화의 복음 거룩한 말씀이니 감사. ●악한 마귀 제아무리 강할지라도 우리들의 대장 예수 앞서가시니 감사. ●두려워하지 않고 용기 있게 싸울 수 있게 하시니 감사. ●최후 승리 얻을 때까지 싸울 수 있게 하시니 감사. ●죄악 중에 빠진 나는 죄를 뉘우쳐 십자가에 달린 예수님 믿기만 하면 위태한데 빠진 내 영혼 구원 얻어서 천국 백성 되게 하심을 감사. ●일심으로 힘써 나가 일심으로 힘써 싸우게 하심을 감사. ●마귀들의 군사들과 힘써 싸워서 승전고를 울리기까지 싸우게 하심을 감사. ●승리를 주신 하나님께 감사. ●믿는 사람 나는 군병 같으니 앞에 가신 주님을 따라가게 하심을 감사. ●우리 대장 예수님 기를 가지고 접전하는 곳에 가신 것을 보게 하시니 감사. ●예수님 이름 듣고 겁이 나서 원수

마귀 모두 쫓겨 가니 감사. ●세상 나라들은 멸망 받으나 예수님의 교회 영영 왕성하게 됨을 감사. ●지옥 권세 감히 해치지 못함은 주님께서 모든 교회 지키심을 감사.

●교회 성도들 함께 모여서 우리 모두 함께 찬송 부르게 됨을 감사. ●영영토록 영광, 권세, 찬송을 우리 임금 주님께 돌려보내 드림을 감사. ●믿는 사람들은 군병 같으니 앞에 가신 주님을 따라가게 됨을 감사. ●주님의 진리 위해 십자가 군기 하늘 높여 쳐들고 주님의 군사 되어 용맹스럽게 찬송하며 나가게 하심을 감사. ●원수들이 비록 강할지라도 주님의 군기 붙잡고 주의 진리 위해 용기 다하여 분발하여 싸우게 하시니 감사. ●산과 들과 바다… 가는 곳마다 주님의 군기 날리며 반갑고도 기쁜 승리의 소식 온 세상에 전하게 하시니 감사. ●원수들은 이미 예수님의 손에 하나 없이 패하고 주님의 군기만이 영광스럽게 온 누리에 빛나게 하심을 감사. ●예수님만을 위하여 목숨까지도 바치고 싸움터로 나가게 하시니 감사.

●천성을 향해 가는 나에게 앞길 장애를 두려워 않게 하시니 감사. ●성령님이 나를 인도하시니 감사. ●내 가는 길을 확실한 증거를 보여주게 하시니 감사. ●성령이 친히 감화하여 주사 저들도 참 길을 보게 하시니 감사. ●마귀의 흉계 모두 깨뜨리고 끝까지 잘 싸워 이기게 하시니 감사. ●앞으로 앞으로 천성을 향해 나가게 하시니 감사. ●천성 문만 바라고 나가게 하심을 감사. ●모든 천사 나를 영접하러 문앞에 기다려 서 있

으니 감사. ●은혜 구한 나에게 은혜의 주님 되심 감사. ●은사 구한 나에게 은사의 주님 되심을 감사. ●신유 구한 나에게 신유의 주님 되심 감사. ●내 마음속에 지금 오셨음을 감사. ●나의 생명 되는 예수님 영원토록 모셔 이 기쁨 넘치게 됨을 감사. ●말씀 위에 서서 내 뜻 버리고 감정을 버리고 말씀에 서니 감사. ●불완전한 믿음 완전해지니 감사. ●주님만 붙드니 감사. ●내가 염려하며 계획하던 것 믿고 기도하며 주님께 맡기니 감사. ●나의 모든 소원 던져버리고 주님의 뜻만 따라 살기 원하게 하시니 감사. ●믿음으로 닻을 주님께 던지고 끊임없이 주를 찬송하게 하심을 감사. ●전엔 나를 위해 일해 왔으나 이제 주님만 위해 힘써 일하게 하시니 감사.

●나의 소망되시는 구주 예수님 이 세상에 다시 강림하심을 감사. ●나의 등불 밝혀 손에 들고서 기쁨으로 주를 기다리게 하심을 감사. ●나에게 걱정말라 하시니 감사. ●주님이 나를 지키시니 감사. ●주님 날개 밑에 거하라 하시니 감사. ●주님이 아무 때나 어디서나 나를 늘 지켜 주시니 감사. ●어려워 낙심될 때에 주님이 나를 지키시니 감사. ●위험한 일을 당할 때도 주님 지키시니 감사. ●구하는 것을 주시며 지켜 주시니 감사. ●어려운 시험 당해도 주님 지키시니 감사. ●구주의 품에 거하라 하시니 감사.

●천지를 지으신 주 하나님께서 나를 도와주시니 감사. ●

나의 발이 실족하지 않게 주님께서 깨어 지키며 택한 백성 지켜 길이 보호하시니 감사. ●도우시는 하나님이 나에게 그늘 되시니 감사. ●낮의 해와 밤의 달이 나를 상치 않게 하시니 감사. ●나에게 화를 주지 않고, 영혼을 보호하시니 감사. ●나의 출입을 지금부터 영영토록 인도하시니 감사. ●나의 길 다가도록 예수님이 인도하시니 감사. ●믿음으로 사는 나에게 궁휼을 베푸시고 하늘 위로 받게 하심 감사.

●무슨 일을 만나든지 만사형통하게 하시니 감사. ●나의 갈 길 다 가도록 예수님이 인도하시니 감사. ●어려운 일 당할 때도 족한 은혜 주시니 감사. ●나는 심히 고단하고 영혼 매우 갈하지만 나의 앞에 반석에서 샘물 나게 하시니 감사. ●하나님의 그 사랑 어찌 큰지 말로 할 수 없음을 감사. ●성령 감화 받은 나의 영혼, 하늘나라 갈 때에 영영 부를 찬송, 예수님 인도하시니 감사. ●다정하신 목자 예수님께서 어린 양을 돌보사 캄캄한 밤 지날 동안 날 품어 주시니 감사. ●선한 목자 내 주 예수님 나의 기도를 들으시고 내일 아침 될 때까지 날 지켜 주시니 감사.

●나의 지난 허물 용서하여 주시고 친구들도 나와 같이 복을 받게 하시니 감사. ●주님 나의 목자 되시니 부족함이 없음을 감사. ●푸른 풀밭 쉴만한 물가로 인도하시니 감사. ●메마른 나의 영에 힘 솟아나 주님을 따르게 하시고 참 목자이신 그

이름 찬양받으시니 감사. ● 캄캄한 죽음 길에도 두려움 없으며 그 손에 지팡이 보고 날 안심하게 하시니 감사. ● 원수 보는 앞에서 베푸신 잔치 감사. ● 나의 머리에 부은 기름, 넘치는 잔 감사. ● 선함과 인자함이 늘 나를 따르고 내 아버지 집에 영원히 살게 됨을 감사. ● 무한하신 주 성령 내 어두운 성품에 생명 빛을 주시니 감사. ● 하늘에서 단비 내리고 햇빛 찬란함같이 내 마음에 성령 임하니 주님 보내심을 감사. ● 생명 시내 넘쳐흘러서 내 심령의 마른 광야를 적시니 감사. ● 의의 열매 무르익어서 추수를 기다리게 됨을 감사. ● 평화로운 안식처에서 영원토록 쉬게 하시니 감사. ● 주님의 은혜로 주님의 낯을 보게 하시니 감사. ● 내 마음속에 넘치게 하시니 감사. ● 주님의 말씀에 거센 풍랑도 잠잠하게 되니 감사.

"주여, 목마른 내 영혼이 주가 이미 허락한 그 귀한 영생수를 갈망합니다."

● 주님 약속 따라서 힘써 간구할 때, 내 기도 급히 들어 주시니 감사. ● 예수의 사랑, 예수의 사랑 바다 물결같이 나에게 임하게 하시니 감사.

"주님, 나에게 약속한 큰 비 내려 주시려 은혜의 저 구름 건너편에 떠올라 그 귀한 징조가 내게 밝히 보이니 나 힘을 다하여 주께 간구합니다."

●은혜의 소낙비 나에게 지금 흡족히 내려 구원의 큰 강물 흘러 차고 넘쳐서 나의 추한 모든 죄 씻어버리니 나 지금 은혜를 충만히 받았음을 감사. ●그 차고 넘치는 주의 은혜의 물결 힘차게 밀려와 내게 만족하니 할렐루야로 주님을 찬송하오니 내 마음에 기쁨이 충만함을 감사. ●예수의 사랑이 바다 물결같이 나에게 임하니 영광의 물결에 온전히 싸여서 내 영혼의 기쁨 한량없음을 감사. ●내 영혼의 그윽이 깊은 데서 맑은 가락이 울려나니 감사. ●하늘 곡조가 언제나 흘러나와 내 영혼을 고이 싸니 감사. ●내 마음속에 솟아난 이 평화는 깊이 묻힌 보배이니 감사. ●이 보화를 캐내어 가져갈 자 그 누구도 없어 안심임을 감사. ●내가 주야로 주님과 함께 있어 내 영혼이 편히 쉬게 되니 감사. ●이 땅 위에 험한 길 가는 동안 참된 평화 누리게 하시니 감사. ●하늘 위에서 평화가 내려오고 그 사랑의 물결이 영원토록 내 영혼을 덮으시니 감사. ●찬송 한 구절 한 구절이 은혜 속에 젖어들어 기도로 감격이 넘치니 감사. ● 찬송들이 내 심령에 사무치며 간절한 기도가 되었으니 감사.

7장

사춘기 자녀를 바라보며

"네 집 안방에 있는 네 아내는 결실한 포도나무 같으며 네 식탁에 둘러 앉은 자식들은 어린 감람나무 같으리로다"(시편 128:3)

●믿음을 회복시켜주시니 감사. ●은혜를 회복시켜주시니 감사. ●신앙생활을 회복시켜주시니 감사. ●예배를 회복시켜주시니 감사. ●죄와 어둠이 그 몸에 왕 노릇 하지 못함을 감사. ●주님의 영광을, 예배를 회복시켜주시니 감사. ●주님의 나라를 회복시켜주시니 감사. ●주님의 사랑으로 회복시켜주시니 감사. ●아무것도 염려하지 말라 하시니 감사. ●오직 모든 일에 기도와 간구로 구할 것을 감사함으로 하나님께 아뢰면 모든 지각에 뛰어난 하나님의 평강이 그리스도 예수 안에서 내 마음과 생각을 지켜주시니 감사. ●하나님께서 자녀를 책임져 주시니 감사. ●지켜주시니 감사. ●인도하시고 마음을 주장하시니 감사. ●죄와 어둠이 아들에게 왕 노릇 못함을 감사. ●생명의 성령의 법이 아들을 주장하시니 감사. ●성령

께서 간섭하시니 감사. ●성령께서 주장하시니 감사. ●성령께서 도우시니 감사. ●성령께서 지켜주시니 감사. ●천군 천사 파송하시니 감사. ●악의 세력으로부터 지켜주시니 감사. ●악에 빠지지 않게 도우시니 감사. ●시험에 들지 않게 하시니 감사. ●믿음의 신실한 친구 만나게 하시니 감사. ●염려를 다 맡기라 하시니 감사. ●자녀를 수렁에서 건지사 빠지지 않게 하시니 감사.

●자녀를 구원하시니 감사. ●세상 물들이 자녀 영혼까지 흘러들어 왔음에도 구원하시니 감사. ●내가 부르짖으므로 피곤하며 내 목이 마르며 내 마음이 불안하여도 하나님을 바라봄으로 의지할 수 있어 감사. ●환란 날에 부르짖어라 하시니 감사. ●자녀 영혼을 위해 부르짖게 하시니 감사. ●자녀 신앙생활을 위해 부르짖게 하시니 감사. ●죄악에 빠지지 않기를 부르짖게 하시니 감사. ●세상에 물들지 않기를 부르짖게 하시니 감사. ●어둠에 빠지지 않게 부르짖게 하시니 감사. ●세상 친구에 빠지지 않기를 부르짖게 하시니 감사. ●음란에 빠지지 않게 부르짖게 하시니 감사. ●방황에 빠지지 않게 부르짖게 하시니 감사. ●반항에 빠지지 않게 부르짖게 하시니 감사. ●컴퓨터와 인터넷에 빠지지 않게 부르짖게 하시니 감사. ●게임, 채팅에 빠지지 않게 부르짖게 하시니 감사. ●응답하시니 감사.

●신앙생활 온전히 할 수 있게 하시니 감사. ●하나님 중심, 말씀 중심, 예배 중심, 교회 중심, 가정 중심으로 살아가게 하시니 감사. ●말씀으로 회복시켜주시니 감사. ●은혜 회복시켜주시니 감사. ●믿음 회복시켜주시니 감사. ●성령 충만 부어주시니 감사. ●믿음의 신실한 지도자 만나게 하심을 감사. ●늘 믿음의 신실한 지도를 받게 하시니 감사. ●순종하게 하시니 감사. ●죄악에 빠지지 않게 도우시니 감사. ●죄와 어둠이 자녀의 몸에 왕 노릇 못하게 함을 감사. ●세상에 물들은 것 구원시켜 주시니 감사. ●어둠에 빠진 것 구원시켜 주시니 감사.

●세상 친구에게 빠진 것 구원하여 주시니 감사. ●음란에 빠진 것 구원하여 주시니 감사. ●방황에 빠지지 않게 하시니 감사. ●방황으로부터 구원하심을 감사. ●반항으로부터 구원하심에 감사. ●불순종으로부터 구원하시니 감사. ●혈기로부터 구원하시니 감사. ●죄인의 길에 서지 않게 하시니 감사. ●오만한 자리에 앉지 않게 하시니 감사. ●악인 꾀를 좇지 않게 하시니 감사. ●하나님의 말씀을 즐거워하여 주야로 묵상하는 자 되게 하시니 감사. ●말씀을 읽게 하시니 감사. ●사모하게 하시니 감사. ●말씀을 금 곧 정금보다 귀하게 여기게 하시니 감사. ●말씀을 꿀 또는 송이 꿀보다 단맛을 느끼게 하시니 감사. ●학업에도 충실하게 하시니 감사. ●믿음의 신실한 친구와 늘 교제하게 하시니 감사. ●주일날 놀러 가자고 친구한테

전화 안 오게 막아 주시니 감사. ●주일 예배를 지키게 하심을 감사. ●자녀를 수렁에서 건지사 빠지지 않게 하시니 감사.

　●세상의, 죄악의, 어둠의 크고 깊은 물이 자녀를 엄몰하지 못하게 하시니 감사. ●그 깊음이 자녀를 삼키지 못하게 하시니 감사. ●주님의 인자하심이 선하시어 내게 응답하시니 감사. ●주님의 많은 긍휼을 따라 인도하시니 감사. ●주님의 얼굴을 자녀에게 숨기지 않으시니 감사. ●자녀의 영혼에게 가까이하사 구속하시며 자녀를 속량하시니 감사.

　　"하나님이여, 나는 가난하고 슬프오니 오직 주의 구원으로 자녀를 높이소서."

　●속히 자녀를 건지시니 감사. ●속히 자녀를 도우시니 감사. ●주님을 찾는 자녀로 주님으로 인하여 기뻐하고 즐거워하게 하시니 감사. ●주님의 구원을 사모하는 자녀에게 항상 말하기를 "하나님은 광대하시다"라고 말하게 하시니 감사. ●주님은 자녀의 도움이 되시니 감사. ●자녀를 건지시는 분이시니 감사.

　●여호와여 지체치 마시니 감사. ●자녀로 영영히 수치를 당하게 않으시니 감사. ●주님의 의로 자녀를 건지시니 감사. ●자녀를 풀어주시니 감사. ●주님의 귀를 자녀에게 기울이사 자녀를 구원하시니 감사. ●주님은 자녀가 무시로 피하고 거

할 바위가 되시니 감사. ●주님께서 자녀를 구원하라 명하였으니 감사. ●주님께서 자녀의 반석이시요 자녀의 산성이심을 감사. ●자녀를 악인의 손 곧 불의한 자와 흉악한 자의 장중에서 피하게 하시니 감사. ●주님은 자녀의 소망이시고 자녀의 어릴 때부터 의지이심을 감사. ●자녀가 모태에서부터 주님의 붙드신 바 되었으며 어미 배에서 주님께서 취하여 내신 바 되었고 자녀는 항상 주님을 찬송케 함을 감사.

●주님은 자녀의 견고한 피난처가 되었사오니 주님을 찬송함과 주님을 존중함이 종일토록 자녀의 입에 가득하게 하시니 감사. ●자녀를 멀리하지 않으시니 감사. ●자녀 영혼을 대적하는 자로 수치와 멸망을 당케 하시며 자녀를 모해하려는 자에게는 욕과 수욕이 덮이게 하시니 감사. ●자녀가 항상 소망을 품고 주를 더욱 더욱 찬송하게 하시니 감사. ●자녀가 측량할 수 없는 주님의 의와 구원을 자녀 입으로 종일 전하게 하시니 감사. ●자녀가 늙어 백수가 될 때에도 자녀를 버리지 않으시며 자녀가 주님의 힘을 후대에 전하고 주님의 능력을 장래 모든 사람에게 전하기까지 지키시고 인도하시니 감사.

♥ 하나님의 말씀을 받을 때

●하나님의 말씀을 지식으로 받으면 교만하게 된다고 했는

데 겸손한 마음으로 하나님의 말씀을 받게 하시니 감사. ●말씀을 받으려 않고 오늘도 먹고 체험하고 전하게 하시니 감사. ●말씀을 들으려 않고 아멘으로 입을 크게 벌려 먹게 하시니 감사. ●먹을 수 있고 건강한 체질이 되게 하시니 감사. ●입을 크게 벌리게 하시니 감사. ●말씀을 잘 먹고 소화를 잘하게 하시니 감사. ●말씀이 꿀송이처럼 달게 하시니 감사. ●말씀을 읽고 지키는 자는 복이 있다 하시니 감사. ●말씀을 간절히 사모함으로 읽으니 감사. ●겸손한 마음으로 읽으니 감사. ●또 지키는 자 되니 감사. ●하나님 말씀은 정확한 예언이 되니 감사. ●말씀 들을 때 믿음이 쑥쑥 자라게 하시니 감사. ●믿음을 들으면서 들음은 그리스도의 말씀이라고 했는데 말씀을 듣는 순간 입을 크게 벌려 아멘으로 먹고 그 말씀이 송이 꿀보다 달고 믿음이 크게 회복되니 감사. ●말씀 안에 불이 있고 또 반석을 깨뜨리는 방망이가 있다 하니 감사(렘 23:29).

●말씀 들을 때 성령의 불이 강하게 임하게 하시니 감사. ●말씀의 방망이로 자아를 깨뜨려주시니 감사. ●믿는 자들에게 표적이 따른다니 감사. ●말씀을 믿고 살 때 표적이 나타나게 하시니 감사. ●성경은 가르치라고 준 것이 아니라 살라고 준 것이다 하시니 감사. ●은혜받은 말씀대로 살 수 있는 믿음과 능력을 주시니 감사. ●내가 체험하는 게 중요하다 했는데 받은 은혜 체험하게 하시니 감사(렘 3:9). ●말씀으로, 성령으로 은혜에 취하게 하시니 감사. ●말씀 받은 후 기쁨이 넘치고 소

망이 넘치고 믿음이 넘치고 성령 충만하게 하시니 감사. ●교회 안에 평안의 사자가 되게 하시니 감사. ●오늘도 순간순간 믿음으로 듣게 하시니 감사. ●어떤 지경에서도 말씀만 있으면 건지신다(시 107:20) 하시니 감사. ●오늘도 말씀을 보내사 어떤 위경에서도 건지시니 감사. ●죄악의 위경에서도 건지시니 감사. ●부족의 위경에서도 건지시니 감사. ●물질의 위경, 환경의 위경, 자녀의 위경, 영적인 위경에서도 건지시니 감사. ●믿음은 바라는 것들의 실상, 보지 못하는 것들의 증거가 되시니 감사. ●천지 창조도 말씀으로 다 된 것이니 감사. ●오늘도 믿음으로 듣고 얻고 순종함으로 말씀이 심령에 충만이 임하게 하시니 감사. ●옥토 밭이 되게 하심 감사. ●30배, 60배, 100배 결실하게 하시니 감사.

　　●하나님의 자녀 주의 종들은 세상 방법으로 복 절대 안 준다 함을 깨닫게 하시니 감사. ●복 있는 자로 죄를 좇지 않게 하시니 감사. ●절대 세상 방법 쓰지 않게 하시니 감사. ●인간적 수단 방법 따라가지 않게 하시니 감사. ●겸손하게 하시니 감사. ●세상 욕심 버리게 하시니 감사. ●돈 욕심 버리게 하시니 감사. ●안다는 것은 교만이다 했는데 하나님의 인도를 구하는 자가 되게 하심을 감사. ●하나님 인도 없이 나가는 일 없게 하시니 감사. ●내가 하지 않고 하나님의 인도를 구하게 하시니 감사. ●100% 목자의 인도를 구하는 자가 되게 하시니 감사. ●돈 욕심 안 생기게 자꾸 심는 자 되게 하시니 감사. ●

내 평생에 이 세상 사는 동안 선하심과 인자하심이 풍성함으로 좋은 것으로 부귀와 최고의 복이 확실히 정녕 따르게 하시니 감사. ●오늘도 나를 겸손하고 낮은 자세로 말씀을 받게 하시니 감사. ●말씀은 머리로 받는 게 아니라 마음으로 받게 하시니 감사. ●말씀이 믿어지게 하시니 감사. ●능력의 말씀이 되니 감사.

　●진노하는 말씀이 선포될 때 중심이 상하고 뼈가 떨리고 취한 사람같이 받게 하시니 감사(렘 23:9). ●왕의 어명을 받으면 즉시 시행하는 것처럼 하나님 말씀의 어명을 즉시 시행하려는 자세로 받게 하시니 감사. ●자신이 그렇게 받고 체험하면 그렇게 전하게 됨을 감사. ●말씀을 아는 것과 믿는 것은 전혀 다르다고 했는데 하나님의 말씀을 입을 크게 벌려 아멘으로 믿음으로 받아들이고 감동되고 먹는 것이 체험되게 하시니 감사. ●말씀을 먹고 체험이 되는 것이 능력 있는 지식, 진짜 지식임을 감사. ●말씀을 받고 먹고 체험하고 행복을 누리면 다른 것도 다 따라 누리고 행복하게 하심을 감사. ●말씀으로 교만의 영 제거해 주시니 감사. ●진짜 나를 살리는 것은 말씀이니 말씀으로 나를 살려주시니 감사. ●영적 세계 자연 세계가 다 말씀에 지배받게 되어 있음을 감사(요 6:23).

　●살리는 것은 영이요 육은 무익하니 감사. ●말씀은 영이요 생명이요 큰 힘이 있게 하시니 감사. ●지식은 체험도 힘도

없으니 감사. ●믿음은 체험이 있고 능력이 있음을 감사. ●하나님 말씀이 체험되면 꿀같아짐을 감사. ●이 은혜를 나에게 주시니 감사.

●지식으로는 그 맛을 이해할 수 없으니 감사. ●하나님 말씀은 공부하는 것에 그치지 않고 믿고 또 살고 또 체험하여 승리하게 하시니 감사. ●하나님 말씀이 채워지면 샘이 되어 솟아 나올 때가 있으니 감사. ●하나님 말씀으로 충만히 채워지게 하시니 감사. ●말씀이 불이고 방망이라고 했으니 감사. ●오늘도 하나님 말씀이 나에게 불같이 들어오게 하심을 감사. ●그 말씀 전할 때 불로 나가게 하시니 감사. ●말씀을 전하는 강사님마다 그 말씀이 불로 나가게 하시니 감사. ●지식으로 살려면 받으려고만 하니 이때까지 이렇게 살았던 것 용서해 주시니 감사. ●믿음으로 받으면 주는 자가 되고 주는 자가 복이 되니 감사. ●오늘 순간순간 말씀을 믿음으로 받게 하시니 감사.

 ## 아무것도 염려하지 말라 하시니 감사

"아무것도 염려하지 말고 다만 모든 일에 기도와 간구로 너희 구할 것을 감사함으로 하나님께 아뢰라 그리하면 모든 지각에 뛰어난 하나님의 평강이 그리스도 예수 안에서 너희 마음과 생각을 지키시리라"(빌 4:6-7)

●나를 책임져주시니 감사. ●고쳐주시니 감사. ●치료해주시니 감사. ●채워주시니 감사. ●성령 충만 부어주시니 감사. ●염려하지 말라 하신 말씀을 지식으로 알면 또 염려 또 염려 염려가 점점 더 크게 되니 나의 믿음 없이 지식으로 알고 믿음 없이 살고 행했음을 용서해 주시니 감사. ●깨닫게 하시니 감사. ●또 믿으면 염려 안 하게 되고 믿음은 커지고 문제는 점점 작아지는 것 체험하게 하시니 감사. ●문제를 기도하지 말고 응답을 감사 기도하라 하심을 감사. ●그 결과는 엄청 차이 난다 하시니 감사. ●응답을 감사 기도할 수 있게 하심을 감사. ●선포 기도는 약속의 말씀을 시인하고 인정하고 또 염려를 물리치면 믿음으로 채워짐을 감사. ●선포 기도할 수 있도록 성령이 인도하시니 감사. ●유월절(구원)이 이루어진 자는 꼭 무교절(무덤)에 집어넣는다는 것을 깨달으니 감사.

●천지 창조 후 예수님의 부활 시간이 가장 큰 표적임을 깨달으니 감사. ●질병의 무덤 주신 것 감사. ●고통의 무덤 주신 것 감사. ●환경의 무덤 주신 것 감사. ●영이 잠자는 자는 무덤에 들어갈 후보 또 아담 냄새가 나면 무덤에 집어넣는다는 것 깨닫게 하시니 감사. ●하나님이 집어넣으면 도울 자가 없음을 깨닫게 하시니 감사. ●아담을 처리, 썩게 하려고 아담이 처리된 자는 초실절(부활)에 들어가게 하심을 감사. ●부활하면 주님이 사용하시고 쓰신다 하시니 감사. ●무덤은 내 의지, 고집이 썩어야만 나옴을 깨달으니 감사. ●이삭이 자기 의지

를 죽이고 아버지께 순종 아버지 앞에 자기 의지를 포기한 것을 깨닫게 하시니 감사.

●고집, 자기 멋대로 하는 것, 말 안 들은 불순종은 오래간다는 것 깨달으니 감사. ●나의 의지를 죽이고 포기하게 하시니 감사. ●내 고집을 처리해 주시니 감사. ●내 주관을 처리해 주시니 감사. ●배우자를 향한 나의 고집, 나의 의지, 나의 주관을 처리해 주신 것 감사. ●배우자를 통해서 아담을 처리해 주시니 감사. ●계속 처리해 주실 줄 믿고 감사. ●교회 부흥의 부활을 주시려고 전도하게 하시니 감사.●순종하게 하심을 감사. ●기쁨으로 실천하게 하심을 감사. ●성령 충만 부어주셔서 계속적으로 인도하게 하심을 감사. ●복음을 부끄러워하는 것 처리해 주신 것 감사. ●불순종을 처리해 주신 것 감사. ●자랑을 처리해 주신 것 감사. ●교만을 처리해 주신 것 감사. ●생각에만 거치는 것 처리해 주신 것 감사.

●순종할 수 있게 하신 것 감사. ●부끄럽지 않음을 감사. ●즐겁고 기쁘게 할 수 있어 감사. ●전도하게 하시니 감사. ●온 마음이 전도하는데 복음 전하는데 쏠리게 하시니 감사. ●기도하는 마음으로 다니게 하심을 감사. ●어디를 가든 무엇을 하든 복음을 들고 다니게 됨을 감사. ●구체적인 내용을 주신 하나님께 감사. ●계속 계속 감동, 주장, 말씀, 역사해 주신 것 감사. ●열매 맺게 하신 것 감사. ●감사의 풍성한 조건을 주신

하나님께 감사. ●성령 충만의 부활을 주시려고 말씀 보라 하시니 감사. ●말씀을 사모하게 하심을 감사. ●읽게 하심을 감사. ●읽을 때마다 큰 깨달음과 은혜 주심을 감사. ●말씀 들을 때도 깨달음과 큰 은혜 주심을 감사. ●나의 연약함을 깨달으니 감사. ●끈기가 부족하고 인내가 부족한 것 처리해 주시니 감사. ●말씀도 즐거움으로 즐기면서 읽게 하시니 감사.

●말씀 구구절절이 살아 역사함을 느끼게 하심을 감사. ●말씀 읽는 시간이 지루치 않게 하시니 감사. ●말씀 읽는 시간이 많아지게 하시니 감사. ●말씀을 통한 하나님을 만나게 하시니 감사. ●말씀을 통한 하나님과의 교제를 허락하심을 감사. ●주님과의 데이트를 많이 하게 하시니 감사. ●성령 충만 부어 주시니 감사. ●말씀이 구구절절 하나님께 드려지는 찬양이 되게 하심을 감사. ●감사가 되게 하심을 감사. ●기도가 되게 하심을 감사. ●응답이 되게 하심을 감사. ●주님과의 대화가 되게 하심을 감사. ●나에게 주신 신실한 편지가 되게 하심을 감사. ●편지 읽을 때마다 즉각적인 화답으로 해답 드릴 수 있게 하심을 감사. ●하나님과 깊고 가깝게 대화하며 교제가 있게 하심을 감사. ●부족도 감사할 수 있어 감사. ●답답한 면도 감사할 수 있어 감사. ●기다릴 수 있어 감사. ●이해할 수 있어 감사. ●사랑할 수 있어 감사. ●범사에 하나님을 인정할 수 있어 감사.

●축복할 수 있어 감사. ●하나님을 의지할 수 있어 감사. ● 부활을 확신할 수 있어 감사. ●조급하지 않게 됨을 감사. ●기쁨으로 섬길 수 있어 감사. ●화가 나지 않아 감사. ●마음에 여유가 있어 감사. ●배우자를 통한 감사의 조건을 풍성히 주시니 감사. ●감사 축복 기도가 되니 감사. ●계속적으로 배우자의 일거일동을 보며 감사할 수 있게 하시니 감사. ●소원이 이루어질 것을 믿고 감사로 선포하게 하시니 감사. ●배우자에게서 하나님의 손길을 느끼니 감사. ●하나님의 사랑하심을 느끼니 감사. ●회복되는 모습을 보니 감사. ●배우자 속의 죄성을 하나하나 처리해 주시니 감사.

●에스겔 36장 22-38절 말씀으로 회복시켜주시니 감사. ● 이사야 43장 19절 말씀으로 회복시켜주시니 감사. ●빌립보서 4장 6-7절 말씀으로 회복시켜주시니 감사. ●예레미야 33장 2-3절 말씀으로 회복시켜 주시니 감사. ●물질의 풍성을 위해서 물질을 심게 하시니 감사. ●믿음 주시니 감사. ●기회 주시니 감사. ●감당하게 하시니 감사. ●열매 맺게 하시니 감사.

●내 자아, 고집, 의지, 주장을 엄마를 통해 발견하게 하고 드러나게 하고 또 제거하시고 주님의 부드러운 마음 온유하고 겸손한 마음으로 채워주시니 감사. ●어떤 소리를 들어도 거부 반응을 일으키지 않는 온유한 마음 주시니 감사. ●나의 의지가 철저히 꺾이게 하시니 감사. ●완전 썩어지게 하시니 감사. ●나의 고집이 철저히 죽어지고 꺾어지게 도와주심 감사.

●사랑은 하나님의 것, 성령으로 서로 사랑할 수 있는 것 깨달으니 감사. ●하나님의 사랑으로 부으시고 채우시사 사랑할 수 있게 하시니 감사. ●아들을 주신 이가 어찌 아들과 같이 이 모든 것을 은사로 주지 않겠느냐 하신 주님께서 사랑의 은사를 부어주시니 감사. ●주님의 사랑의 그 물결이 영원토록 내 영혼을 덮어주시니 감사.

●"나의 생명 되신 주, 주님 앞에 지금 나아갑니다" 주님이 흘린 보혈로 정케하사 받아 주시니 감사. ●날마다 날마다 오늘도 주를 찬송하게 하시니 감사. ●나를 인도하시니 감사. ● 주님을 믿고 나가면 나의 길 잃지 않게 됨을 감사. ●오늘도 주님을 찬송하게 하시니 감사. ●나를 인도하시니 감사. ●주님을 믿고 나가면 나의 길 잃지 않게 됨을 감사.

●"세상 살아갈 동안 주를 더욱 사랑합니다" 밝고 빛난 천국에 나의 영혼 들어가게 하시니 감사. ●오늘도 주의 사랑의 줄로 나를 굳게 잡아매어 주시니 감사. ●이런 찬송이 나의 간절한 노래가 되었으니 감사. ●내 손을 금하여 모든 악을 행치 않게 하시니 감사. ●하나님이 기뻐하는 일을 선택하며 하나님의 언약을 굳게 잡게 하시니 감사.

"그는 주 앞에서 자라나기를 연한 순 같고 마른 땅에서 나온 뿌리 같아서 고운 모양도 없고 풍채도 없은즉 우리가 보기에 흠모할 만한 아름다운 것이 없도다 그는 멸시를 받아 사람들에게 버림 받았으며 간고를 많이 겪었으며 질고를 아는 자라 마치 사람들이 그에게서 얼굴을 가리는 것 같이 멸시를 당하였고 우리도 그를 귀히 여기지 아니하였도다 그는 실로 우리의 질고를 지고 우리의 슬픔을 당하였거늘 우리는 생각하기를 그는 징벌을 받아 하나님께 맞으며 고난을 당한다 하였노라…"(사 53:2-11)

●하나님의 크신 사랑 하늘로서 내리사 내 마음에 항상 계셔 온전하게 하시니 감사. ●하나님은 자비하사 사랑이 무한하시니 감사. ●두려워서 떠는 나를 구원하여 주시니 감사. ●걱정 근심 많은 나를 성령 감화하여 주시니 감사. ●복과 은혜 사랑받아 평안하게 하시니 감사. ●처음과 나중 되시는 주님이 항상 인도하시니 감사. ●마귀 유혹 받는 것을 속히 끊게 하시니 감사. ●전능하신 주님의 능력 주시니 감사. ●주님께 영광 항상 돌려 천사처럼 섬기게 하시니 감사. ●주님의 사랑 영영토록 찬송하게 하시니 감사. ●거듭나서 흠이 없게 하시니 감사. ●주님의 크신 구원받아 온전하게 하시니 감사. ●영광에서 영광으로 천국까지 이르게 하시니 감사. ●크신 사랑 감격하여 경배하게 하시니 감사. ●지난밤에 보호하사 잠 잘 자게 했으니 오늘 밤도 보호하사 잠 잘 자게 하시니 감사. ●고마우신 주님의 은총 감사. ●나의 육신 평안하게 생명 호흡 주시고 모든 질병 없게 하시니 무한 감사.

●주 예수의 밝은 빛이 내 마음에 비치사 밤중같이 어둔 것

을 낮과 같게 하시니 감사. ●오늘 내 생활 맡아 주관하여 주신 것 감사. ●내일 맡아 주관하시사 온전케 하시니 감사. ●영혼의 햇빛 가까이 비춰주시고 이 세상 구름 일어나 가리지 않게 하시니 감사. ●내 눈에 잠 오기 전 고요히 주를 그리게 하시니 감사. ●구주의 품에 안기어 한없이 평안케 하시니 감사. ●주님 없이 살 수 없으니 언제나 나와 함께 계시니 감사. ●주님 없이 죽기 두려워 밤에도 함께 하시니 감사. ●나를 축복해 주시니 감사. ●주님의 사랑 안에서 언제나 살게 하시니 감사. ●내 장막 터를 넓혀 주시니 감사. ●처소의 휘장을 아끼지 말고 널리 펴되 나의 줄을 길게 하며 나의 말뚝을 견고히 하게 하시니 감사. ●나로 좌우로 퍼지며 나의 자손은 열방을 얻으며 황폐한 성읍들에 사람 살 곳이 되게 하심을 감사. ●구구절절 말씀과 찬송 한 절 한 절이 뼈에 사무치는 나의 신앙 고백이요 기도요 노래가 되니 감사.

8장

옹졸한 마음을 벗어버리게 하시니 감사

"너희 안에 이 마음을 품으라 곧 그리스도 예수의 마음이니"(빌 2:5)

● 하나님께 맡기지 못하고 환경을 바라보며 자책하는 나를 돌아보게 하시니 감사. ● 은혜받게 하신 것 감사. ● 마음과 생각과 행동을 주관하여 주실 줄 믿고 감사. ● 환경 바라보지 않게 하시니 감사. ● 사람 바라보지 않게 하시니 감사. ● 하나님 바라보고 말씀 바라보게 하시니 감사. ● 말씀 따라가게 하시니 감사. ● 성령님 인도해주실 줄 믿고 감사. ● 간섭해 주실 줄 믿고 감사. ● 축복해 주실 줄 믿고 감사. ● 부흥은 하나님께 있음을 감사. ● 부흥하게 하시는 복을 주시니 감사. ● 사람을 보내주시니 감사. ● 기도의 사람을 보내주시니 감사. ● 일꾼을 보내주시니 감사. ● 우리 힘으로 어떻게 할 수 없음을 감사. ● 인간적인 방법과 수단이 아닌 하나님의 방법으로 인도하시니 감사. ● 응답하시니 감사. ● 도와주시니 감사. ● 채워주시니

감사.

●성도님께 은혜 주시니 감사. ●믿음 주시니 감사. ●함께 하시니 감사. ●인도하시니 감사. ●보호하시니 감사. ●잘 적응하게 하시니 감사. ●아이들도 인도하시니 감사. ●축복하시니 감사. ●도와주시니 감사. ●교회를 사랑하게 하시니 감사. ●교회를 통해 하나님을 만나게 하시니 감사. ●변화 받게 하시니 감사. ●응답받게 하시니 감사. ●교회를 통해 성도 마음속에 하나님 나라가 이루어지게 하시니 감사. ●자녀의 심령에 하나님 나라가 이루지게 하시니 감사. ●가정에 하나님 나라가 이루지게 하시니 감사. ●성령의 인도를 좇아오고자 할 때 방해하는 세력들 다 제거해 주시니 감사. ●마음속의 갈등과 죄와 어둠이 왕 노릇하지 못함을 감사. ●인간적인 욕심과 판단이 이기지 못하게 함을 감사. ●외부적인 그 어떤 것도 장난치지 못하게 막아주시니 감사.

"도움을 구하러 애굽으로 내려가는 자들은 화 있을진저 그들은 말을 의지하며 병거의 많음과 마병의 심히 강함을 의지하고 이스라엘의 거룩하신 이를 앙모하지 아니하며 여호와를 구하지 아니하나니 여호와께서도 지혜로우신즉 재앙을 내리실 것이라 그의 말씀들을 변하게 하지 아니하시고 일어나사 악행하는 자들의 집을 치시며 행악을 돕는 자들을 치시리니 애굽은 사람이요 신이 아니며 그들의 말들은 육체요 영이 아니라 여호와께서 그의 손을 펴시면 돕는 자도 넘어지며 도움을 받는 자도 엎드러져서 다 함께 멸망하리라"(사 31:1-3)

●악평과 부정적인 소리를 듣지 않게 하시니 감사. ●이단 세력 다 제거해 주시니 감사. ●아무것도 염려하지 말라 하시니 감사. ●성도님 주님께서 책임져 주시니 감사. ●인도하시니 감사. ●보호해 주시니 감사. ●날마다 주님 만나게 하시니 감사. ●축복하시니 감사. ●신앙생활 잘 할 수 있게 하시니 감사. ●오직 모든 일에 기도와 간구로 감사함으로 아뢰라 하시니 감사. ●모든 지각에 뛰어난 하나님의 평강이 그리스도 예수 안에서 마음과 생각을 주장하시니 감사. ●성도님에게 최고의 복을 주시니 감사. ●영적으로 복을 주시니 감사.

●인도하시니 감사. ●하나님께 맡기고 인도를 구하기보다 도와 달라고 사정하는 나의 모습을 보게 되니 감사. ●하나님을 먼저 의지하고 구하지 아니하는 나의 불신앙이 악행이요 이 행악을 용서해 주시니 감사. ●감사함으로 이 문제 앞에 나를 점검하게 됨을 감사. ●나에게 성령 충만 부어주셔서 항상 하나님을 최우선 순위에 두고 먼저 하나님께 물어볼 수 있게 하시니 감사. ●하나님의 뜻을 구하게 하시니 감사.

 ## 영적 교제권을 이루게 하시니 감사

"그리스도께서 이미 육체의 고난을 받으셨으니 너희도 같은 마음으로 갑옷을 삼으라 이는 육체의 고난을 받은 자는 죄를 그쳤음이니 그 후로는 다시 사람의 정욕을 따르지 않고 하나님의 뜻을 따라 육체의 남은 때를 살게 하려 함이라"(벧전 4:1-2)

●그리스도께서 이미 육체의 고난을 받으셨으니 나도 같은 마음으로 갑옷을 삼으라 하시니 감사. ●예수 그리스도께서 십자가로 나를 구원하심과 그 예수님이 내 속에 계심이 내 마음의 갑옷이 되니 감사. ●그 어떠한 것도 뚫고 들어올 수 없음을 감사. ●육체의 고난을 받은 자가 죄를 그쳤다고 하심을 감사. ●그 어떤 유혹과 시험과 시련이 닥칠지라도 이제는 나 혼자가 아니라 내 속에 성령님이 계시므로 예수님을 부인하지 않게 하심을 감사. ●믿음을 부인하고 배반하지 않게 됨을 감사. ●죄를 짓지 않게 되시니 감사. ●이제는 다시 사람의 정욕을 좇지 않고 오직 하나님의 뜻을 좇아 육체의 남은 때를 살게 하시니 감사. ●음란과 정욕과 술 취함과 방황과 연락과 무법한 우상 숭배를 하여 이방인의 뜻을 좇아 행한 죄를 용서하시니 감사. ●이젠 만물의 마지막이 가까웠으니 그러므로 나는 정신을 차리고 근신하며 기도하게 하심을 감사. ●무엇보다도 열심히 사랑하게 하시니 감사. ●사랑은 허다한 허물(죄)를 덮는다고 했음을 감사. ●대접하기를 원망 없이 할 수 있게 하시니 감사. ●은사를 받은 대로 하나님의 각양 은혜를 맡은 선한 청지기같이 봉사하게 하시니 감사.

●말하려면 하나님의 말씀 하는 것 같이 하게 하시니 감사.

●봉사하려면 하나님의 공급하시는 힘으로 하는 것 같이 하게 하시니 감사. ●이는 범사에 예수 그리스도로 말미암아 하나님이 영광을 받으시게 함을 감사. ●이렇게 정신을 차리고 기도하기 위해 열심히 서로 사랑하기 위해 대접하기를 원망 없이 하기 위해 은사를 받는 대로 선한 청지기같이 봉사하기 위해 성령 충만 부어주시니 감사. ●나를 시련하려고 오는 불시험을 이상한 일 당하는 것 같이 이상히 여기지 말라 하시니 감사. ●오직 그리스도의 고난에 참예하는 것으로 즐거워하게 하시니 감사. ●이는 그의 영광을 나타내실 때에 나로 즐거워하고 기쁘시게 하려 함이라 하시니 감사.

●내가 그리스도의 이름으로 욕을 받으면 복있는 자 됨을 감사. ●영광의 영 곧 하나님의 영이 내 위에 계심을 감사. ●그리스도인으로 고난을 받은 즉 부끄러워 말고 도리어 그 이름으로 하나님께 영광을 돌리게 함을 감사. ●하나님의 뜻으로 고난을 받는 자들은 또한 선을 행하는 가운데 그 영혼을 미쁘신 조물주에 부탁하라 하시니 감사. ●배움에 있어서 주님 철저히 보호해 주시니 감사. ●지켜주시니 감사. ●내가 말한 것 마귀가 틈타지 못하게 막아주시니 감사. ●배움에 있어서 어느 한순간도 마귀 미혹하지 못하게 막아주시니 감사.

●내 심령이 가정, 교회, 남편, 자녀, 성도들에게 하나님의 임재가 늘 있으며 성령의 인도함을 받게 하시니 감사. ●기적

과 표적이 많이 나타나게 하시니 감사. ●이 은혜를 받을수록 더 낮아지고 겸손케 되게 하시니 감사. ●하나님을 두려워하며 질서 있게 헌신하게 하시니 감사. ●사랑으로 나누어 주는 자 되게 하시니 감사. ●영적 교제권이 온전히 이루어지게 하시니 감사. ●마음을 같이하여 성전에 모이기를 힘쓰게 하시니 감사. ●신령과 진정으로 예배하게 하시니 감사. ●십자가 체질화가 되게 하시니 감사. ●전도와 기도, 말씀 읽는 것이 체질화 되게 하시니 감사. ●찬양, 감사, 순종, 섬김, 전도가 체질화 되게 하시니 감사. ●순전한 마음과 사랑이 넘치게 하시니 감사. ●감사해서 하나님을 늘 찬미하게 하시니 감사. ●가정과 지역, 나라와 교회를 변화시키게 하시니 감사. ●건강한 가정, 건강한 교회가 되게 하시니 감사. ●주님과 복음을 위하는 삶이 되게 하시니 감사. ●선교하는 삶이 되게 하시니 감사. ●이를 위해 물질도 풍성히 주시니 감사.

●아무것도 염려하지 말라 하시니 감사. ●모든 것을 맡기라 하시니 감사. ●기도와 간구와 감사함으로 아뢰라 하시니 감사. ●자녀를 책임져 주시니 감사. ●지켜주시니 감사. ●붙들어주시니 감사. ●어떠한 경우도 시험 들지 않게 도와주시니 감사. ●인도하시니 감사. ●죄와 어둠이 자녀의 몸에 왕 노릇 못함을 감사. ●외부로부터 어두운 공격 못함을 감사. ●자녀가 깨닫게 하시니 감사. ●절제하게 하시니 감사. ●사랑으로 훈계하게 하시니 감사. ●자녀의 영혼을 바라보게 하시니

감사. ●자녀를 위해서 기도하게 하시니 감사. ●축복하게 하시니 감사. ●자녀의 영혼을 불쌍히 여기게 하시니 감사. ●선생님들의 마음도 주장해 주시니 감사. ●자녀를 사랑하게 하시니 감사. ●자녀를 위해 기도하게 하시니 감사. ●축복하게 하시니 감사. ●합력하여 선을 이루게 하시니 감사. ●자녀를 조정하는 어두움 다 물러가게 하시니 감사. ●음란이 그 몸에 왕 노릇 못함을 감사. ●그 어두움이 이 자녀에게 해함도 상함도 없음을 감사. ●자녀와 상관이 없음을 감사.

　●사춘기를 잘 넘어가게 하시니 감사. ●학원, 직장 잘 다니게 됨을 감사. ●인도함을 받음을 감사. ●기도하라는 강한 메시지요 신호임을 감사. ●깊이 빠지기 전에 간섭해 주시니 감사. ●자녀를 보호해 주시니 감사. ●자녀를 방해하는 세력 다 제거해 주시니 감사. ●앞길의 장애물을 제거해 주시니 감사. ●지금도 그 마음과 생각을 다스려 주장해 주시니 감사. ●죄와 어둠이 그 마음과 생각을 주장치 못함을 감사. ●성령님이 그 마음과 생각을 온전히 다스려 주장해 주시니 감사. ●책망을 달게 받게 하시니 감사. ●뉘우치고 회개하게 하시니 감사. ●하나님을 바라보고 의지하게 하시니 감사. ●아무것도 염려하지 말라 하신 하나님, 선생님을 통해서도 인도하시니 감사. ●간섭해 주시니 감사. ●절제하게 하심을 감사. ●모범을 보이게 하시니 감사. ●반항이 자녀의 몸에 왕 노릇 못함을 감사. ●반항과 탈선과 불순종은 자녀와 상관없음을 선포하게 하시

니 감사. ●착한 자녀, 선한 자녀, 믿음의 자녀, 순종의 자녀, 성실한 자녀가 됨을 감사. ●믿음을 회복 시키심을 감사. ●은혜를 회복 시키심을 감사. ●앞길을 회복 시키심을 감사. ●자녀의 마음과 생각을 다스려 주장하시니 감사. ●은혜를 부어 주시니 감사.

"죄와 어두움이 자녀의 마음에 왕 노릇 못함을 예수님 이름으로 선포하노라. 반항과 시험은 자녀와 상관이 없음을 예수님 이름으로 선포하노라. 죄와 어두움은 자녀와 상관없음을 감사합니다."

●아무것도 염려하지 말라하시니 감사. ●하나님이 간섭해 주시니 감사. ●하나님이 지켜주시니 감사. ●하나님이 붙들어 주시니 감사. ●하나님이 인도하시니 감사. ●하나님이 축복해 주시니 감사. ●하나님께서 간섭해 주시니 감사. ●더 죄에 빠지지 않게 간섭해 주시니 감사. ●유혹에 빠지지 않게 하시니 감사. ●자녀의 마음과 생각과 말과 행동을 지켜주시니 감사. ●보호해 주시니 감사. ●죄와 어두움이 그 몸에 왕 노릇 못함을 감사. ●선생님의 책망과 권면에 감사함으로 받아들이게 하시니 감사. ●사랑으로 훈계하게 하시니 감사. ●상처주지 않게 하시니 감사. ●마음과 말을 다스려 주장해 주시니 감사. ●자녀를 사랑할 수 있게 하시니 감사. ●자녀를 인도하시고 지키시고 도와주시니 감사. ●축복하게 하시니 감사. ●영혼을 사랑하는 마음으로 훈계하고 책망하게 하시니 감사. ●

악의 세력이 틈타지 않게 하시니 감사. ●성령님 온전히 다스려 주장하시니 감사. ●어떠한 경우도 시험에 들지 않게 하시니 감사. ●자녀의 마음을 성령께서 주장하시니 감사. ●인도하시니 감사. ●"죄송합니다"라고 말할 수 있는 용기를 주시니 감사.

●공부에만 전념할 수 있게 하시니 감사. ●성실함으로 공부할 수 있게 하시니 감사. ●꿈을 가지고 공부 할 수 있게 하시니 감사. ●감정을 다스려 주장해 주시니 감사. ●혈기를 다스려 주시니 감사. ●죄를 다스려 주시니 감사. ●행동을 다스려 주시니 감사. ●어두움이 틈타지 않게 하시니 감사. ●걸음걸음을 주장해 주시니 감사. ●마음과 생각을 다스려 주장해 주시니 감사. ●자녀에 대한 의심, 불안함, 부정적 마음과 시각을 제거해 주시니 감사. ●자녀를 위해서 기도하게 하시니 감사. ●합력하여 선을 이루게 하시니 감사. ●자녀를 위해서 축복하게 하시니 감사. ●눈치 보지 않게 하시니 감사. ●자녀 성적이 쑥쑥 올라가게 하시니 감사. ●자녀가 하나님을 의지하고 하나님의 영광을 위해서 꿈을 가지고 성실하게 공부할 수 있게 하시니 감사. ●앞으로 나아가고자 할 때 어떤 방해물도 제거해 주시니 감사. ●마음과 생각도 실망도 행동도 다스려 주시니 감사. ●어떠한 경우도 시험에 들지 않게 하시니 감사. ●사랑으로 관심을 가지고 가르치고 섬길 수 있게 하시니 감사. ●청소년 사역에 주님의 영광을 위해 크게 쓰임 받게 하시

니 감사. ●성령 충만 받게 하시니 감사.

●사역 감당하기 위해 늘 말씀과 기도로 깨어있게 하시니 감사. ●사명 감당할 수 있게 성령 충만 부어주시니 감사. ●지혜를 주시니 감사. ●건강을 주시니 감사. ●영혼을 사랑할 수 있는 마음을 부어주시니 감사. ●영혼을 바라보며 하나님 나라를 바라보며 이 일을 감당케 하시니 감사. ●범사에 감사하며 항상 기뻐하며 쉬지 않고 기도하는 사람 되게 하시니 감사. ●말씀과 기도로 깨어 뜨거운 사명감으로 일할 수 있는 사람 되고자 하니 감사. ●지혜와 지식이 뛰어난 사람되길 기도하게 하시니 감사. ●실패에 떨어지지 않게 하시니 감사. ●하나님의 영광과 나라를 위해서 선교를 위해서 크게 쓰임 받는 일꾼들이 되게 하시니 감사. ●교통사고 없이 다니게 하시니 감사. ●악의 세력들 다 제거해 주시니 감사. ●머리털 하나 상치 않게 지켜주시니 감사. ●나 자신 시험 들지 않게 하시니 감사. ●사람 바라보지 않고 하나님 바라보게 하신 것 감사. ●응답하신 것 감사. ●하나님 의지하고 감사 기도할 수 있게 하신 것 감사. ●성령님 인도하신 것 감사.

9장

불안한 마음을 감사로 이기게 하시니 감사

"그러나 무릇 여호와를 의지하며 여호와를 의뢰하는 그 사람은 복을 받을 것이라 그는 물 가에 심어진 나무가 그 뿌리를 강변에 뻗치고 더위가 올지라도 두려워하지 아니하며 그 잎이 청청하며 가무는 해에도 걱정이 없고 결실이 그치지 아니함 같으리라 만물보다 거짓되고 심히 부패한 것은 마음이라 누가 능히 이를 알리요마는 나 여호와는 심장을 살피며 폐부를 시험하고 각각 그의 행위와 그의 행실대로 보응하나니"(렘 17:7-10)

● 하나님을 의지하며 복을 받게 하심을 감사. ● 물가에 심기운 나무가 그 뿌리를 강변에 뻗치고 더위가 올지라도 두려워 아니하며 그 잎이 청청하며 가무는 해에도 걱정이 없고 결실이 그치지 아니하게 하심을 감사. ● 만물보다 거짓되고 심히 부패한 것이 마음이라. 누가 능히 이를 알리요 마는 하나님은 심장을 살피며 폐부를 시험하고 각각 그 행위와 그 행실대로 보응하시니 감사. ● 만물보다 거짓되고 심히 부패한 마음을 제거해 주시니 감사. ● 주님의 부드러운 마음으로 채워주

시니 감사. ●새 마음과 새 영을 주시니 감사. ●성령 충만을 부어주시니 감사. ●감당하게 하시니 감사. ●심을 수 있는 기회를 주신 것 감사. ●심을 수 있는 감동과 믿음 주신 것 감사. ●믿음으로 드릴 수 있게 하시니 감사. ●이 일로 시험에 들지 않게 하시니 감사. ●순탄하게 드릴 수 있게 하시니 감사. ●내게 직접 주시니 감사. ●모든 것을 감사로 이기게 하시니 감사. ●주님께서 위로해 주시니 감사. ●주님께서 싸매주시니 감사. ●보호하심을 감사. ●자녀가 잘 이기게 믿음으로 나가게 하심을 감사. ●자녀를 축복하시니 감사. ●자녀를 위해서도 아무것도 염려치 말라 하시니 감사.

●하나님께서 책임져 주시니 감사. ●믿음을 회복시켜 주시니 감사. ●은혜를 회복시켜 주시니 감사. ●예배를 회복시켜 주시니 감사. ●오늘도 예배드리게 하심을 감사. ●깨어 주심을 감사. ●온전한 정신을 주심을 감사. ●은혜받게 하심을 감사. ●그 영혼을 살려 주시니 감사. ●불쌍히 여겨 주시니 감사.

●축복해 주시니 감사. ●함께 하심을 감사. ●고쳐 주시니 감사. ●끌어올려 주시니 감사. ●사랑하시니 감사. ●묶임으로부터 풀어주시니 감사. ●갇힘으로부터 놓임이 되게 하심을 감사. ●우겨싸임에서 놓임 되게 하심 감사. ●병듦에서 고침이 되게 하심 감사. ●저주에서 축복이 되게 하심 감사. ●회

복이 되게 하심을 감사. ●지키시니 감사. ●인도하시니 감사.
●붙잡힘에서 풀어주시니 감사. ●변함없이 회복과 인도하심
과 사랑하심과 성령 충만을 부어주시니 감사. ●오늘도 붙들
고 있는 괴롭히는 마음의 온갖 죄를 성령의 불로 다 태워주시
니 감사. ●죄와 어둠이 그 마음에 왕 노릇 못함을 감사. ●죄
와 어두움은 그 마음과 몸에 상관이 없음을 감사. ●생명의 성
령의 법이 희락과 평안과 의로 그 심령에 하나님 나라를 이루
게 하시니 감사. ●예배 시간 시간마다 하나님 나라가 이루어
지게 하시니 감사. ●성령 충만 부어주시니 감사. ●성령이 인
도하는 찬양 되게 하시니 감사. ●성령 인도하는 기도 되게 하
시니 감사. ●성령 인도를 말씀 되게 하시니 감사.

●성령 인도하는 예배 되게 하심 감사. ●성령 인도하는 교
제 되게 하심 감사. ●은혜를 회복시키심을 감사. ●믿음을 기
도를 하나님의 영광을 회복시키심을 감사. ●앞길을 사명을
회복시키시니 감사. ●사랑을 신앙생활을 가정을 회복시키심
을 감사. ●주일 성수, 예배를 회복시키심을 감사. ●전쟁은 여
호와께 속한 것이라 하시니 감사. ●하나님을 기쁘시게 하면
하나님이 싸워 주신다 하시니 감사. ●전쟁을 앞에 두고 칼로
싸우러 나가는 것이 아니라 모세가 이스라엘 백성에게 말씀을
가르치고 있음을 보고 깨닫게 하시니 감사.

●이것마저도 하나님께 맡기라 하시니 감사. ●아무것도 염

려하지 말라 하시니 감사. ●저녁 예배 후에 이 문제에 대해 감사해야겠다 하면서도 미루고 TV만 보았음을 용서해 주심을 감사. ●내 마음속의 하나님를 의지하지 못하는 불안함을 보게 되니 감사. ●불안함과 의심, 두려움을 주는 악한 마음과 생각을 다 제거해 주시니 감사.

> "맡기지 못하는 불신앙과 불안함과 의심, 염려, 두려움은 나와 상관이 없음을 예수님 이름으로 선포하노라."

●내 속에서의 영적 전쟁, 자녀에 대한 영적 전쟁은 하나님께 속한 것임을 감사. ●예수님의 이름으로 이김을 주신 하나님께 감사. ●넉넉히 승리를 주신 하나님께 감사. ●예수님 보혈로 내 마음을, 내 생각을 덮어주시니 감사. ●모든 더러운 것, 더러운 생각, 더러운 마음을 정결케 해주시니 감사. ●모든 우상으로부터 정결케 해주시니 감사. ●내게 이런 아담을 처리해 주시니 감사. ●맡기는 큰 믿음 주시니 감사. ●이런 것에서도 범사에 하나님을 인정하게 하시니 감사.

●먼저 내 자신에 대해서도 아무것도 염려하지 말라 하시니 감사. ●오직 모든 일에 기도와 간구로 감사함으로 아뢰라 하시니 감사. ●말씀 의지하게 함을 감사. ●말씀 주심을 감사. ●말씀대로 순종하게 함을 감사. ●말씀이 나를 붙들어주시니 감사. ●말씀이 나를 살리니 감사. ●말씀이 나를 건지니 감사.

●말씀이 나의 방패가 되니 감사. ●말씀이 나의 위로가 되니 감사. ●나의 도움이 되니 감사. ●나의 산성이 되니 감사. ● 나의 힘이 되니 감사. ●말씀이 나의 소망이 되니 감사. ●말씀 이 나의 구원이 되니 감사. ●말씀이 나의 길이 되니 감사. ● 말씀이 생명이 되니 감사. ●피할 바위가 되니 감사. ●치료가 되니 감사. ●은혜가 되니 감사. ●약속이 되니 감사. ●능력이 되니 감사. ●믿음이 되니 감사. ●"그리하면 모든 지각에 뛰 어난"이 부분이 은혜가 되니 감사.

●모든 지각보다 뛰어난 하나님의 평강이 내 마음과 생각을 주장하신다 하니 감사. ●하나님 나라 천국임을 감사. ●어떤 문제 앞에서도 아무 염려 않고 오직 기도와 간구로 감사함으 로 아뢰면 모든 지각에 뛰어난 하나님의 평강이 그리스도 예 수 안에서 내 마음과 생각을 지켜주시니 감사. ●내 마음에 하 나님 나라가 이루어짐을 감사. ●어떤 문제 앞에서도 하나님 나라가 이루어짐을 감사. ●그 어떤 문제, 상황 앞에서도 내 마 음의 하나님 나라를 더 견고하고 강하게 세워나가게 됨을 감 사.

●범사에 감사할 수 있게 하심 감사. ●이 범사에 감사하는 은사를 주신 하나님께 감사. ●감사의 조건을 많이 주시니 감 사. ●어떤 문제도 환경도 사건도 일도 그 어떤 것도 감사의 조 건이 되니 감사. ●감사의 조건을 풍성히 주시는 하나님께 감

사. ●이로 말미암아 성령님이 붙들어 주시니 감사. ●인도하시니 감사. ●충만히 부어 다스려 주시니 감사. ●악을 선용케하시는 하나님께 감사. ●어떤 염려도 문제도 감사로 하나님께 기도할 때 염려가 변하여 하나님의 나라를 이루게 됨을 감사. ●문제가 변하여 하나님 나라를 이루게 됨을 감사. ●감사로 첫째는 내 자신을 하나님 나라로 세워가고 영혼을 강건케만들어 가니 감사. ●상대방을 감사로 기도할 때 세워나가는역할, 살리는 역할, 하나님 나라를 이루어 가는 역할을 하게 되니 감사. ●감사가 하나님께는 영광이요 나를 살리고 이웃을살리게 하시니 감사. ●감사함으로 하나님이 주시는 평강이늘 넘치게 하시니 감사. ●항상 기뻐할 수 있어 감사. ●불안하고 염려하고 속상하고 답답하던 내 마음이 평안해졌음을 약속대로 하나님께서 응답하심을 감사.

●내 마음을 지킬 수 있는 무기는 감사 기도임을 감사. ●감사 기도는 문제를 이기고 다스리게 하시니 감사. ●감사 기도는 죄를 이기고 다스리게 하시니 감사. ●감사 기도는 어두움을 이기고 다스리게 하시니 감사. ●감사 기도는 환경을 이기고 다스리게 하시니 감사. ●감사 기도는 사람을 이기고 다스리게 하시니 감사. ●감사 기도는 육을 이기고 다스리게 하시니 감사. ●감사 기도는 단점을 이기고 장점으로 바꾸게 하시니 감사. ●감사 기도는 실패를 성공으로 만드니 감사. ●감사 기도는 축복의 통로가 되니 감사. ●감사 기도는 하나님 나라

지름길임을 감사. ●감사 기도는 하나님의 인도를 재촉하게 되니 감사. ●감사 기도는 하나님 향한 긴급신호이니 감사. ●감사 기도는 전쟁의 승리가 되니 감사. ●감사 기도는 하나님께서 승리를 보장해 주셨음을 감사.

　●감사 기도는 축복의 지름길 되니 감사. ●감사 기도는 응답을 제일 빨리 받는 비밀이니 감사. ●하나님 능력을 믿어 들이게 되니 감사. ●감사 기도는 기적을 체험하게 하시니 감사. ●감사 기도는 어둠이 속히 다 물러가니 감사. ●감사 기도는 문제가 무너지니 감사. ●감사 기도는 내게 큰 유익이 되니 감사. ●감사 기도는 하나님께 큰 영광이 되니 감사. ●감사 기도는 하나님께 내 마음과 뜻과 성품, 힘을 모아 사랑하게 됨을 감사. ●감사 기도는 이웃을 내 몸과 같이 사랑하게 됨을 감사. ●감사 기도는 영적인 병도 육의 병도 치료받는 지름길이 되니 감사. ●감사 기도는 연단을 단축시키게 하니 감사. ●감사 기도는 부활을 맞이하게 되니 감사.

　●감사 기도는 없는 것도 있게 하니 감사. ●감사 기도는 성령 충만 받게 하니 감사. ●감사 기도는 내 성품을 변화시키니 감사. ●감사 기도는 내 생각을 긍정적으로 믿음으로 소망적으로 바꾸니 감사. ●감사 기도는 내 말을 항상 선한 말, 긍정적 믿음으로 말하게 하시니 감사. ●감사 기도는 행동을 변화시키는 지름길 되니 감사. ●감사 기도는 삶을 변화시키는 지

름길 되니 감사.

●감사 기도는 내 자신을 철저히 살피게 하시니 감사. ●감사 기도는 죄와 어두움이 몸에 붙어있지 못함을 감사. ●감사 기도는 빛의 충만이니 감사. ●감사 기도는 바벨탑이 무너지는 것이니 감사. ●감사 기도는 귀신이 한 길로 왔다 일곱 길로 도망가게 됨이기에 감사. ●감사 기도하니 평안이 따라오니 감사. ●감사 기도하니 기쁨이 넘치니 감사. ●감사 기도하니 담대해져서 감사. ●감사 기도하니 풍부해서 감사. ●감사 기도하니 미운 사람이 없어 감사. ●감사 기도하니 염려 걱정이 없어 감사. ●감사 기도하니 하나님의 손길을 느끼니 감사. ●감사 기도 하니 성령의 임재를 느끼게 하니 감사.

●감사 기도하니 하나님의 살아 역사하심을 눈으로 보게 되니 감사. ●감사 기도하니 두려움이 없어 감사. ●감사 기도하니 열등의식 없어 감사. ●감사 기도하니 소심하지 않아 감사. ●감사 기도하니 긍정적이요 적극적이 되니 감사. ●감사 기도는 게으른 성품과 습관도 변화시켜 주시니 감사. ●감사 기도하니 감사 기도의 조건이 줄줄 따라 나옴을 감사.

●감사 기도 하니 축복의 문이 대로 같이 열리니 감사. ●사명의 길이 열리니 감사. ●자녀의 길도 열리니 감사. ●물질의 문도 열리니 감사. ●부흥의 문도 열리니 감사. ●남편의 길도

열리니 감사. ●나라의 문도 열리니 감사. ●선교의 문도 열리니 감사. ●감사 기도해서 환경의 문도 열리니 감사. ●감사 기도는 풍랑을 잠잠케 하니 감사. ●행한 대로 갚으시는 하나님께서 감사 기도하면 선한 것으로 갚으시니 감사. ●감사 기도하면 순종하게 되니 감사.

●감사 기도하니 원수도 사랑하게 됨을 감사. ●감사 기도하면 사랑할 수 있는 힘이 옴을 감사. ●감사 기도하니 저주가 물러가니 감사. ●감사 기도하면 항상 하나님 은혜가 머무니 감사. ●감사 기도를 하니 죄악의 물, 시험의 물, 세상의 물에 떠내려가게 되니 감사. ●감사 기도하니 연단도 기쁨으로 이길 수 있어 감사. ●감사 기도하니 영적으로 분별할 수 있어 감사. ●감사 기도하니 하나님 음성도 들을 수 있어 감사. ●감사 기도하니 하나님의 테스트도 합격할 수 있어 감사.●감사 기도하니 하나님 편에 설 수 있어 감사. ●감사 기도하니 항상 생명을 택하고 믿음을 택하고 하나님이 기뻐하는 쪽을 택하게 됨을 감사. ●감사 기도하니 죄를 이기고 하나님의 형상, 거룩을 닮아감을 감사. ●감사 기도하니 하나님 뜻을 깨닫게 되니 감사. ●아무것도 염려 하지 말라 하시니 감사. ●오직 모든 일에 기도와 간구로 감사함으로 하나님께 아뢰라 하시니 감사. ●일보다도 어떤 문제보다도 하나님과 나의 영적인 관계가 최우선이라고 하심을 감사.

●자녀의 아무것도 염려하지 말고 오직 모든 일에 기도와 간구로 너희 구할 것을 감사함으로 하나님께 아뢰라 하시니 감사. ●모든 지각에 뛰어난 하나님의 평강이 그리스도 예수 안에서 내 마음과 생각들을 다스려 주시니 감사. ●장래 일을 내게 물으라 하시니 감사. ●자녀의 장래 일을 가르쳐 주시니 감사. ●어떤 길을 가야할지 가르쳐 주시니 감사. ●하나님께 서 자녀에게 최선의 길로 인도하시니 감사. ●직장을 가야할 지 어디로 가야할지 우리 힘으로 아무것도 할 수 없으니 하나 님만이 힘이요 길이요 빽이 되심을 감사. ●하나님만을 의지 하니 감사. ●하나님께서 인도하시니 감사. ●먼저 하나님께 기도해야 하고 물어봐야 하는데 사람을 의지하고 성도님들께 직장을 부탁한 것 용서하시니 감사.

●이 사람, 저 사람에게 부탁하고자 한 것도 용서하시니 감 사. ●말씀으로 깨닫게 하시니 감사(사 32:1-3). ●도움을 구하 러 세상으로 내려간 것 용서하시니 감사. ●사람을 의지하고 거룩하신 하나님을 의지하지 아니한 것, 도움을 하나님께 구 하지 않고 사람에게 먼저 구한 것을 용서하시니 감사. ●거룩 하신 하나님을 구하지 아니한 것 용서하시니 감사. ●자녀의 장래 일을 하나님께 물으라 하시니 감사. ●알게 하시니 감사. ●깨닫게 하시니 감사. ●분별하게 하시니 감사. ●인도하시 니 감사. ●가르쳐 주시니 감사. ●축복하시니 감사.

●신앙생활 회복을 위해서 심령의 회복을 위해서 은혜 회복을 위해서 사명의 길을 가기 위해 그보다 최우선 순위인 하나님과의 관계, 영적인 회복을 위해서 어떻게 해야 하는지 지도해 주시니 감사. ●길을 보여주시니 감사. ●지금 어떻게 해야 하는지 밝히 보여주시니 감사. ●"너는 내게 부르짖으라" 하시니 감사. ●주님께서 응답하겠고 내가 알지 못 하는 크고 비밀한 일을 보여주신다 하시니 감사. ●내가 어떻게 할 수 없음을 감사. ●하나님이 응답하시니 감사. ●지켜주시니 감사. ●앞길을 열어주시니 감사. ●인도하시니 감사. ●이 일을 위해 사람을 보내주시니 감사. ●물질을 보내주시니 감사. ●성령 충만을 부어주시니 감사. ●먼저 나에게 성령 충만 부어주시니 감사. ●자녀를 위해 성령의 소욕을 좇아 구할 수 있게 부르짖게 하시니 감사. ●자녀에게 성령을 부어주시니 감사. ●충만하게 부어주시니 감사. ●성령께서 자녀를 진리 가운데로 인도하시니 감사. ●예수님께로 인도하시니 감사. ●성령께서 생명과 평안으로 인도하시니 감사. ●성령께서 붙들어주시니 감사. ●말씀이 먼저 오고 그 말씀을 인정하고 그다음 순종하는 것을 가르쳐 주시니 감사. ●깨닫게 하시니 감사.

가장 완전하시고 가장 성령 충만한 예수님께서 지금 자녀의 모습을 보고 환경을 보고 문제를 보고 현실을 보고 처지를 보고 어떻게 하실까?

"벳새다에 이르매 사람들이 맹인 한 사람을 데리고 예수께 나아와 손 대

시기를 구하거늘 예수께서 맹인의 손을 붙잡으시고 마을 밖으로 데리고 나가사 눈에 침을 뱉으시며 그에게 안수하시고 무엇이 보이느냐 물으시니 쳐다보며 이르되 사람들이 보이나이다 나무 같은 것들이 걸어 가는 것을 보나이다 하거늘 이에 그 눈에 다시 안수하시매 그가 주목하여 보더니 나아서 모든 것을 밝히 보는지라"(막 8:22-25)

"배에 오르시매 제자들이 따랐더니 바다에 큰 놀이 일어나 배가 물결에 덮이게 되었으되 예수께서는 주무시는지라 그 제자들이 나아와 깨우며 이르되 주여 구원하소서 우리가 죽겠나이다 예수께서 이르시되 어찌하여 무서워하느냐 믿음이 작은 자들아 하시고 곧 일어나사 바람과 바다를 꾸짖으시니 아주 잔잔하게 되거늘 그 사람들이 놀랍게 여겨 이르되 이이가 어떠한 사람이기에 바람과 바다도 순종하는가 하더라"(마 8:23-27)

 ## 자상하시고 긍휼이 풍성하신 성령님

잘못될까 봐, 빗나갈까 봐, 죄지을까 봐, 유혹 받을까 봐, 넘어질까 봐, 실수할까 봐, 얻어맞을까 봐, 실족할까 봐, 아파할까 봐, 슬퍼할까 봐, 울까 봐, 낙심할까 봐, 부족할까 봐, 하나님께 야단맞을까 봐, 하나님께 채찍 맞을까 봐….

●나의 성령께서 안타까운 마음으로 긍휼의 간절한 마음으로 조마조마한 마음으로 더 주고 싶어 하는 마음으로 또 하나

님 앞에서 잘 하기를 잘 되기를 간절히 소망하는 마음으로 탄식하며 나를 위해 엄마처럼 기도하시는 성령님께 감사. ● 때로는 성령을 근심케 하고 불순종하고 외면하고 반항해도 쓰리고 아픈 마음으로 더 탄식하며 기도하시는 예수님께 감사. ● 고집부리고 깨닫지 못하고 방황해도 나는 예수님의 것 예수님께서 나를 엄마 마음으로 아빠 마음으로 돌보시고 지키시고 이끄시고 사랑하시고 인도하시니 너무너무 감사. ● 나를 통치하시니 감사. ● 자녀들도 예수님 것이니 예수님 통치하시니 감사.

나의 성령님이 오늘까지 지금도 나를 바라보며 잘 되기를, 건강하기를, 아빠 말 잘 듣기를, 아빠 하나님께 사랑받는 자가 되기를, 아빠 하나님께 인정받는 자가 되기를, 아빠 하나님의 기쁨이 되기를 또 아빠 하나님으로부터 그 큰 유산 축복 다 받아 누릴 수 있기를, 탄식하며 기도하고 계시는 성령님께 찬송, 경배, 영광 돌립니다.

영의 양식을 제대로 찾아 먹기를, 골고루 영양가 있게 먹기를, 맛있게 먹기를, 잘 먹기를, 더 맛있는 것 챙겨 먹이고 싶어 강건하기를, 탄식하며 기도하고 계시는 성령님께 찬양, 경배, 영광 돌립니다.

나를 너무나 잘 아시는 성령님, 나의 유익과 나를 위해 권하고 시키고 부탁해도 거절하고 방심하고 게으르고 반발하고 불순종해도 안타까워하며 나를 위해 포기치 않고 실망치 않고 미워하지 않고 긍휼의 마음으로 탄식하며 간구하시는 성령님 너무너무 감사합니다.

준비가 안 되어 아직 줄 수 없어 그래도 달라고 매일 졸라대고 눈물 흘리는 나를 보고 더 눈물 흘리며 안타까워하며 애타시는 성령님, 거절할 수 없고 또 줄 수 없는(있으면서도) 그 마음 탄식하며 나를 위해 간구하시는 성령님 찬송, 경배, 영광 돌립니다.

●"예수님 때문에 나에게는 간음, 음행, 음란은 없다. 예수 생명, 예수 사랑만 있다"라고 다 이루어 주심을 믿고 선포하고 감사하고 기도하게 하심을 감사. ●예수님 때문에 나는 섭섭해하는 자가 아니니 감사. ●예수님 때문에 나는 감사하는 자가 되었으니 감사. ●예수님 때문에 나는 속상해하는 자가 아니니 감사. ●예수님 때문에 나는 포용하는 자가 되었으니 감사. ●예수님 때문에 나는 미워하는 자가 아니니 감사.

●예수님 때문에 나는 사랑하는 자가 되었으니 감사. ●예수님 때문에 나는 시험 드는 자가 아니니 감사. ●예수님 때문에 나는 승리한 자가 되었으니 감사. ●예수님 때문에 나는 낙심하는 자가 아니니 감사. ●예수님 때문에 나는 기도하는 자가 되었으니 감사. ●예수님 때문에 나는 괴로워하는 자가 아니니 감사. ●예수님 때문에 나는 축복하는 자가 되었으니 감사. ●예수님 때문에 나는 죄의 종이 아니니 감사. ●예수님 때문에 나는 의의 종이 되었으니 감사. ●예수님 때문에 나는 어

둠이 아니니 감사. ●예수님 때문에 나는 빛이 되었으니 감사. ●예수님의 빛으로 어둠을 삼킨 자가 되었으니 감사. ●예수님 때문에 나는 사탄의 통치 받는 자가 아니니 감사. ●예수님 때문에 나는 예수님의 통치 받는 자가 되었으니 감사. ●예수님 때문에 나는 옛사람이 아니니 감사. ●예수님 때문에 나는 새사람이 되었으니 감사. ●예수님 때문에 나는 더러운 그릇이 아니니 감사. ●예수님 때문에 나는 깨끗한 그릇이 되었으니 감사. ●예수님 때문에 기뻐하는 자가 되었으니 감사. ●예수님 때문에 감사하는 자가 되었으니 감사. ●예수님 때문에 나는 돌이키는 자가 되었으니 감사. ●예수님 때문에 나를 돌아보는 자가 되었으니 감사. ●예수님 때문에 나는 중보하는 자가 되었으니 감사. ●예수님 때문에 사랑하는 자가 되었으니 감사. ●예수님 때문에 축복하는 자가 되었으니 감사. ●예수님 때문에 포용하는 자가 되었으니 감사.

●예수님 때문에 자녀가 내 입장을 몰라주어도 감사. ●내 형편을 몰라주어도 감사. ●내 사정을 몰라주어도 감사. ●내 마음을 몰라주어도 감사. ●내 사랑을 몰라주어도 감사. ●나의 애씀을 몰라주어도 감사. ●나의 섬김을 몰라주어도 감사. ●나에게 불평해도 감사. ●고맙다 말만 해도 감사. ●순종 안 해도 감사. ●내 말 안 들어도 감사. ●자기 고집대로 해도 감사. ●예수님 때문에 나는 바다 같은 마음이 되었으니 감사.

●예수님 때문에 나는 어떤 소리도 어떤 행동도 품을 수 있는 마음이 되었으니 감사. ●사랑할 수 있는 마음이 되었으니 감사. ●사랑으로 품을 수 있으니 감사. ●사랑으로 안을 수 있으니 감사. ●사랑으로 포용할 수 있으니 감사. ●성령님은 나의 부족, 연약, 문제, 죄를 보고 부모의 마음으로 안타까운 마음으로 간절한 마음으로 아픈 마음으로 지금도 나를 위해 탄식하며 기도하고 계시니 너무너무 감사. ●성령님은 오늘도 나를 위해 넘어질새라, 실족할새라. 상처받을새라, 실패할새라, 마음 아파할새라, 슬퍼할새라, 나를 안타깝게 지켜보며 기도하시니 너무너무 감사. ●예수님 때문에 나는 하나님 음성을 들은 대로 깨달은 대로 즉시 순종하는 자가 되었으니 너무너무 감사. ●"아멘"하는 자가 되었으니 너무너무 감사.

●내 의, 내 인간의 의가 살아있으면 천국 갈 수 없기 때문에 이 인간의 의를 제거하고 하나님의 뜻으로 온전히 입히기 위해 간섭해 주신 것 감사. ●갑절로 부어주시니 감사. ●욥이 친구를 통해 하나님의 음성이 많았지만 여덟 번이나 변명하고 변호하는 자기 의를 깨닫게 되니 감사. ●지금 나의 이 인간의 의가 축복을 가로막고 있음을 깨달으니 감사. ●예수님 생명만 있으니 감사. ●예수님 사랑만 있으니 감사. ●예수님 때문에 나에게는 이기심이 없으니 감사. ●예수님 때문에 나에게는 질투심은 없으니 감사. ●예수님 때문에 나에게는 예수 사랑만 충만하게 부어주시니 감사. ●예수님 때문에 나에게는

시기심은 없으니 감사. ●예수님 때문에 나에게는 욕심, 탐심은 없으니 감사.

　●예수님 때문에 나에게는 염려, 근심, 걱정은 없고 예수님 평안만 있으니 감사. ●예수님 때문에 나에게는 두려움과 불안은 없고 믿음과 평강만 있고 강하고 담대함만 있으니 감사. ●예수님 때문에 나에게는 불신앙은 없고 신앙만 있으니 감사. ●예수님 때문에 나에게는 가난, 궁핍은 없고 부요, 풍부함만 있으니 감사. ●예수님 때문에 나에게는 불만족은 없고 만족만 있으니 감사. ●예수님 때문에 나에게는 질병은 없고 영육, 강건함만 있으니 감사. ●예수님 때문에 나에게는 옛 사람은 없고 새사람만 있으니 감사. ●예수님 때문에 나에게는 육의 사람은 없고 영의 사람만 있으니 감사.

　●예수님 때문에 나에게는 인간의 의는 없고 하나님의 의만 있으니 감사. ●예수님 때문에 나에게는 교만은 없고 겸손만 있으니 감사. ●예수님 때문에 나에게는 불순종은 없고 아멘, 순종만 있으니 감사. ●예수님 때문에 나에게는 게으름은 없고 성실함만 있으니 감사.

　●예수님 때문에 나에게는 율법은 없고 은혜, 사랑만 있으니 감사. ●예수님 때문에 나에게는 사탄의 통치는 없고 예수님의 통치만 있으니 감사.

10장

목사님과 교회를 위한 기도

"너희를 인도하는 자들에게 순종하고 복종하라 그들은 너희 영혼을 위하여 경성하기를 자신들이 청산할 자인 것 같이 하느니라 그들로 하여금 즐거움으로 이것을 하게 하고 근심으로 하게 하지 말라 그렇지 않으면 너희에게 유익이 없느니라"(히 13:17)

● 예수님 때문에 목사님은 겸손과 성실함, 동정심, 따뜻함으로 사랑함으로 풍성한 마음으로 영혼들과 깊은 관계를 맺는 자 되었으니 너무너무 감사. ● 예수님 때문에 목사님 안에 사시는 예수 그리스도께 사로잡힌 바 되어 모든 일거수일투족을 예수 그리스도로 하여금 자신을 주관하도록 자신의 모든 것을 맡겨드리는 자 되었으니 너무너무 감사. ● 예수님 때문에 목사님은 삶 전체를 예수 그리스도와 생명 연합을 이루며 예수 그리스도를 철저하게 사랑으로 섬기고 임박한 재림을 열망하는 삶을 사는 자 되었으니 너무너무 감사. ● 예수 그리스도의 놀라운 통치를 순간마다 눈으로 보고 만지게 되었음을 너무너무 감사. ● 예수님 때문에 나는 인간의 의로 사는 자가 철저히

136 이루 말할 수 없는 수만 가지 감사들

아니니 너무너무 감사. ●예수님 때문에 하나님 의로 사는 자 되었으니 너무너무 감사. ●예수님 때문에 나의 인간의 의가 철저히 죽었음을 너무너무 감사. ●예수님 때문에 나의 잘난 체 하는 것이 철저히 죽었으니 너무너무 감사.

●예수님 때문에 의로운 척 하는 것이 철저히 죽었으니 너무너무 감사. ●예수님 때문에 믿음 좋은 체 하는 자가 아니니 너무너무 감사. ●예수님 때문에 나는 우월감을 가지는 자가 아니니 너무너무 감사. ●예수님 때문에 나는 사람 의식하는 자가 아니니 너무너무 감사. ●예수님 때문에 나는 사람에게 잘 보이려고 하는 자가 아니니 너무너무 감사. ●예수님 때문에 나는 변명하는 자가 아니니 너무너무 감사. ●예수님 때문에 나는 핑계 대는 자가 아니니 너무너무 감사.

●예수님 때문에 "누구누구 때문에…"라고 하는 자가 아니니 너무너무 감사. ●예수님 때문에 나는 "내가 언제"라고 따지는 자가 아니니 감사. ●예수님 때문에 "내가 언제?"라고 변명하고 핑계 대는 자가 아니니 너무너무 감사. ●예수님 때문에 내가 똑똑한 자가 아니니 너무너무 감사. ●예수님 때문에 내가 잘하는 자가 아니니 감사. ●예수님 때문에 나를 내세우는 자가 아니니 너무너무 감사. ●예수님 때문에 나는 상대방을 비판하는 자가 아니니 너무너무 감사. ●예수님 때문에 나는 상대방을, 다른 사람을 판단하고 정죄하는 자가 아니니 너

무너무 감사. ●예수님 때문에 나는 불평하는 자가 아니니 너무너무 감사.

●나는 예수님 때문에 남을 나보다 못하게 여기고 주장하는 자가 아니니 감사. ●비평하는 자가 아니니 감사. ●수군수군 하는 자가 아니니 감사. ●예수님 때문에 영적으로 민감한 자가 되었으니 너무너무 감사. ●예수님 때문에 하나님의 의로운 옷을 입은 자가 되었으니 너무너무 감사. ●예수님 때문에 예수님 의로 사는 자가 되었으니 너무너무 감사. ●예수님 때문에 환경을 통해서도 민감하게 하나님의 음성을 듣는 자가 되었으니 감사. ●민감하게 깨닫는 자가 되었으니 너무너무 감사. ●예수님 때문에 사람을 통해서도 하나님의 음성을 민감하게 듣는 자가 되었으니 너무너무 감사. ●깨닫는 자가 되었음을 너무너무 감사. ●분별하는 자가 되었으니 너무너무 감사.

●예수님 때문에 목사님은 아버지, 어머니 마음으로 영혼들을 대하는 자가 되었으니 너무너무 감사. ●예수님 때문에 목사님은 육신에 속한 자를 어린아이 대함 같이 섬기는 자가 되었으니 너무너무 감사. ●예수님 때문에 목사님은 어떤 형편에든지 자족한 자가 되었으니 너무너무 감사. ●예수님 때문에 목사님은 도저히 감사할 수 없는 환경에서도 감사하는 자가 되었으니 너무너무 감사. ●예수님 때문에 목사님은 돈을

사랑치 않는 자가 되었으니 너무너무 감사. ●금이나 은이나 의복을 탐내는 자가 아님을 감사. ●헌금을 깨끗하게 관리하는 자가 되었으니 너무너무 감사. ●재물에 소망을 두는 자가 아니니 너무너무 감사. ●예수님 때문에 목사님은 베푸는 삶을 사는 자가 되었으니 너무너무 감사. ●범사에 본을 보이는 자가 되었으니 감사. ●성도들의 쓸 것을 공급하는 자가 되었으니 너무너무 감사. ●나눠주는 삶이 되었으니 감사.

●예수님 때문에 목사님은 영적 생활을 하는 자가 되었으니 너무너무 감사. ●항상 기도에 힘쓴 생활이 되었으니 너무너무 감사. ●주님께 영광 돌리는 삶이 되었으니 너무너무 감사. ●감사하는 생활이 되었으니 너무너무 감사. ●인내하는 생활이 되었으니 너무너무 감사. ●성령을 좇아 사는 사람이 되었으니 너무너무 감사. ●모범된 삶을 사는 자가 되었으니 너무너무 감사. ●그리스도의 향기로 사는 자가 되었으니 너무너무 감사. ●그리스도의 편지로서의 삶을 사는 자가 되었으니 너무너무 감사. ●빛된 삶을 사는 자가 되었으니 너무너무 감사.

●예수님 때문에 목사님은 사나 죽으나 예수 그리스도의 영광만을 구하는 자가 되었으니 너무너무 감사. ●예수님 때문에 목사님은 예수 그리스도와의 연합만을 소망하는 자가 되었으니 너무너무 감사. ●예수님 때문에 목사님은 예수 그리스

도의 고난에 동참하는 자가 되었으니 너무너무 감사. ●예수님 때문에 목사님은 예수 그리스도의 죽음에 동참하는 자가 되었으니 너무너무 감사. ●예수님 때문에 목사님은 예수 그리스도의 부활에 동참하는 자가 되었으니 너무너무 감사.

●주님의 능력이 최고이니 감사. ●주님의 영광이 최고이니 감사. ●주님의 면류관이 최고이니 감사. ●주님의 소망이 최고이니 감사. ●하늘의 시민권이 최고이니 감사. ●주님의 보혈이 최고이니 감사. ●예수님 때문에 목사님은 예수 그리스도를 최고로 인정하고 예우한 자로 하나님으로부터 최고의 인정과 대우받는 자가 되었으니 너무너무 감사. ●예수 그리스도만이 목사님의 최고의 보배가 되시니 감사. ●하늘 나라 영광을 최상의 것으로 알고 사는 목사님이 되었으니 너무너무 감사. ●예수님 때문에 목사님은 그의 삶이 예수 그리스도를 사랑하는 마음으로 가득 채워져 예수 그리스도가 아닌 그 어떤 것과도 타협을 거부하는 삶을 사는 자가 되었으니 너무너무 감사. ●예수님 때문에 목사님은 자신에게 부여하신 목회, 예수 생명, 예수 사랑, 예수 정신, 회복의 사명을 깨닫고 자신에게 어떤 해가 오더라도 철저하게 사명에 충실한 자가 되었으니 너무너무 감사. ●언제나 주안에서 주의 열심과 열정으로 헌신하는 자가 되었으니 너무너무 감사.

●예수님 때문에 목사님은 복음을 위하여 하나님께 택정함

을 입었으니 너무너무 감사. ●예수님 때문에 목사님은 그리스도로부터 권위를 부여받은 대사로 부르심을 받았으니 너무너무 감사. ●예수님 때문에 목사님은 사나 죽으나 예수 그리스도의 영광만을 소망하는 자가 되었으니 너무너무 감사. ●예수님 때문에 목사님은 주 예수님께 사명과 하나님의 은혜의 복음을 생명보다 귀하게 여기는 자가 되었으니 너무너무 감사. ●예수님 때문에 목사님은 직분을 영광스럽게 여기는 자가 되었으니 너무너무 감사. ●예수 그리스도의 일꾼으로 하나님의 비밀을 맡은 자가 되었으니 너무너무 감사. ●충성된 직분을 가졌으니 너무너무 감사. ●예수님 때문에 목사님은 구령의 열정이 넘치는 자가 되었으니 너무너무 감사.

●전도자의 삶을 사는 자가 되었으니 너무너무 감사. ●복음을 듣든지 못 듣든지 항상 전파하는 자가 되었으니 너무너무 감사. ●십자가의 복음을 전하는 자가 되었으니 너무너무 감사. ●그리스도의 비밀을 전하는 자가 되었으니 너무너무 감사. ●성령의 능력으로 전하는 자가 되었으니 너무너무 감사. ●하나님의 열심으로 전도하는 자가 되었으니 너무너무 감사. ●항상 기도함으로 복음의 비밀을 전하는 자가 되었으니 너무너무 감사. ●선교의 열정이 넘친 자가 되었으니 너무너무 감사. ●신실한 교육자가 되었으니 너무너무 감사.

●날마다 전하는 자가 되었으니 너무너무 감사. ●모든 지

혜로 각 사람을 가르치는 자가 되었으니 너무너무 감사. ●모든 일에 전심전력으로 가르치고 전파하는 자가 되었으니 너무너무 감사. ●성경대로 가르치는 자가 되었으니 너무너무 감사. ●예수님 때문에 목사님은 스스로가 협력자였음을 감사. ●많은 동력자들과 협력하여 사역하는 자가 되었으니 너무너무 감사. ●예수님 때문에 목사님은 바나바 같은 실라와 같은 아굴라와 브리 스길라와 같은 누가, 마가, 두기고, 드로아, 가보, 오네시보로, 에라스도, 드로비모, 으불로, 부데, 리노, 글라우디아 같은 동역자를 보내주시니 감사.

 예수님 때문에 목사님은…

●예수님 때문에 목사님은 충성된 사역자가 되었으니 너무너무 감사. ●예수님 때문에 목사님은 그리스도 안에서 경건하게 사는 자가 되었으니 너무너무 감사. ●충성된 하나님의 일꾼이 되었으니 너무너무 감사. ●성령의 역사를 따라 힘을 다해 수고하는 자가 되었으니 너무너무 감사. ●수고를 넘치도록 하는 자가 되었으니 너무너무 감사. ●자기 생명을 조금도 귀한 것으로 여기지 아니하는 자가 되었으니 너무너무 감사. ●예수님 때문에 목사님은 예수 그리스도의 사랑으로 종노릇하는 자가 되었으니 너무너무 감사. ●예수 그리스도의 사랑이 넘친 자가 되었으니 너무너무 감사.

●섬기는 자가 되었으니 너무너무 감사. ●원수를 축복하는 자가 되었으니 너무너무 감사. ●위로하는 자가 되었으니 너무너무 감사. ●예수님 때문에 목사님은 아버지의 마음, 어머니의 마음으로 사랑하는 자가 되었으니 너무너무 감사. ●예수님 때문에 목사님은 예수 그리스도를 전하는데 장애가 되는 것을 다 배설물로 버린 자가 되었으니 감사. ●예수님 때문에 목사님은 육신의 것은 버리고 영의 것을 얻은 자가 되었으니 감사. ●예수님 때문에 목사님은 세상의 것은 버리고 하늘의 것을 얻은 자가 되었으니 감사. ●예수님 때문에 목사님은 천한 것을 버리고 귀한 것을 얻은 자가 되었으니 감사. ●예수님 때문에 목사님은 내 것을 다 버리고 예수 그리스도의 것을 얻은 자가 되었으니 감사.

●예수 그리스도는 자신의 모든 것을 버리셨고 예수 그리스도께서 육신의 몸을 버리니까 신령한 부활의 몸은 얻은 것처럼 예수님 때문에 목사님은 예수 그리스도를 온전히 섬기는데 장애가 되는 것을 모두 버리게 되었음을 감사. ●믿음에 장애가 되는 것을 버린 자가 되었으니 감사. ●목회에 장애가 되는 것을 버렸으니 감사. ●영의 삶에 장애가 되는 것을 버렸으니 너무너무 감사. ●예수님 때문에 목사님은 주로 푯대를 향하여 달려가는 자가 되었으니 너무너무 감사. ●주님을 향한 목표와 푯대가 분명하여 달음질하는 선수처럼 힘들어도 포기않고 쉬지 않는 자가 되었으니 너무너무 감사.

●주님 향한 푯대가 분명한 자로 마음을 힘써 지키는 자가 되었으니 너무너무 감사. ●주님을 향한 푯대가 분명한 자로 심지가 견고한 자가 되었으니 너무너무 감사. ●예수님 때문에 목사님은 교회를 위해 고난받는 자, 교회를 사랑하는 자, 모든 교회를 사랑하는 자가 되었으니 너무너무 감사. ●예수님 때문에 목사님은 분명한 재림 신앙을 가졌으니 너무너무 감사. ●영으로 깨어서 하나님 나라를 유업으로 받는 자가 되었으니 너무너무 감사.

●주님을 사랑함으로 주를 기다리는 자가 되었으니 너무너무 감사. ●책망할 것이 없는 자로 끝까지 견고한 자가 되었으니 너무너무 감사. ●서로 자랑이 되는 자가 되었으니 너무너무 감사.

●천국 시민권을 가진 자가 되었으니 너무너무 감사. ●빛의 자녀로서 주의 날을 맞을 준비하는 자가 되었으니 너무너무 감사. ●항상 기뻐하며 모든 사람에게 관용을 알게 하는 자가 되었으니 너무너무 감사.

●영과 혼과 몸을 흠없이 보전하는 자가 되었으니 너무너무 감사. ●"말씀을 전파하라, 오래 참으라"라고 가르침으로 경책하며 경계하며 권하는 자가 되었으니 너무너무 감사. ●하늘의 시민권을 자랑하는 자가 되었으니 너무너무 감사. ●예수

님 때문에 목사님은 상급을 바라보고 충성된 삶을 사는 자가 되었으니 너무너무 감사. ●항상 주님의 일에 더욱 힘쓰는 자가 되었으니 너무너무 감사. ●예수님 때문에 목사님은 오직 상 얻는 자로 달음질하니 너무너무 감사.

●그리스도의 날에 자랑할 것이 있게 하는 자가 되었으니 너무너무 감사. ●푯대를 향해 부름의 상을 위하여 좇아가는 자가 되었으니 너무너무 감사. ●달려갈 길을 마치고 의의 면류관을 향해서 달려가는 자가 되었으니 너무너무 감사.

●믿음으로 하나님을 기쁘게 함으로 하나님이 주실 상을 바라보는 자가 되었으니 너무너무 감사. ●예수님 때문에 목사님은 주님의 뜻을 귀하게 여기고 주님 뜻대로만 신앙생활, 가정생활, 목회하는 자가 되었으니 너무너무 감사. ●그래서 저절로 되는 복 받았음을 너무너무 감사.

●예수님 때문에 목사님은 돈을 사랑하는 자가 아니니 감사. ●오직 예수님만 사랑하고 예수님 때문에 목사님은 자신이 인정받고 사랑받고 높임 받으려 하는 자가 아니니 감사. ●오직 주님께만 영광 돌리는 자가 되었으니 감사. ●예수님 때문에 목사님은 날마다 자기를 부인하지 않는 자가 아니니 감사. ●날마다 순간마다 분초마다 자기를 부인하는 자가 되었으니 감사. ●예수님 때문에 목사님은 날마다 자기를 포기치 않는 자가 아니니 감사. ●자기를 강력하게 포기하는 자가 되

었으니 감사. ●예수님 때문에 목사님은 날마다 세상 풍속을 따른 것을 포기치 않는 자가 아니니 감사. ●세상 풍속 따르는 것을 철저히 포기하는 자가 되었으니 감사.

●예수님 때문에 원수 갚는 것을 포기치 않는 자가 아니니 감사. ●원수 갚는 것을 철저히 포기하는 자가 되었으니 감사. ●예수님 때문에 자존심이나 체면을 철저히 포기하는 자가 되었으니 감사. ●예수님 때문에 자신이 사랑받고 인정받고 감사받을 권리를 철저히 포기하는 자가 되었으니 감사. ●예수님 때문에 내가 고쳐주고 싶고 말해주고 싶고 간섭하고 싶어 하는 마음을 철저히 포기하는 자가 되었으니 감사. ●비판이나 험담을 철저히 포기하는 자가 되었으니 감사.

●예수님 때문에 소외받았을 때 반발할 권리를 철저히 포기하는 자가 되었으니 감사. ●예수님 때문에 안정된 생활을 포기하는 자가 되었으니 감사. ●주님을 위해 성실한 자, 충성된 자가 되었으니 감사. ●예수님 때문에 상처 받았을 때 떠나고자 하는 마음을 포기한 자가 되었으니 감사. ●예수님 때문에 군림하고자 하는 자세를 포기한 자가 되었으니 감사.

●예수 그리스도로 만족한 자가 되었으니 감사. ●현재 상황에 만족한 자가 되었으니 감사. ●환경에 따라 감정이 좌우되지 않는 자가 되었으니 감사. ●범사에 감사하니 감사. ●전

천후 감사하는 자가 되었으니 감사. ●항상 기뻐하는 자가 되었으니 감사. ●원망 불평치 않는 자가 되었으니 감사. ●온전한 일꾼으로 부름 받았음을 인정하는 자가 되었으니 감사. ●예수 그리스도의 생명으로 사는 자가 되었으니 감사. ●자신의 계획을 포기하는 자가 되었으니 감사. ●염려, 근심, 불안해하는 자가 아님을 감사. ●탐욕, 우상 숭배자가 아니니 감사. ●예수님 때문에 목사님은 외모로 사람을 판단하는 자가 아님을 감사. ●영혼을 바라보는 자가 되었으니 감사.

●예수님 때문에 자기 노력, 자기 능력, 자기 열심, 자기 헌신으로 사는 자가 아니니 감사. ●예수님 때문에 상대방의 중심에 예수님을 바라보는 자가 되었으니 감사. ●예수님 때문에 자신이 은사 받고 능력 받아서 하나님의 일을 내가 하려는 자가 아님을 감사. ●오직 주님으로 살고 주님으로 일하는 자가 되었으니 감사. ●예수님 때문에 자기 뜻이 이루어지기를 구하는 자가 아니니 감사. ●오직 하나님의 뜻이 이루어지기를 구하는 자가 되었으니 감사. ●예수님 때문에 자신에게 집착하는 자가 아니니 감사. ●오직 예수님만 바라보는 자가 되었으니 감사.

●예수님 때문에 자신을 의식하는 것이 동기가 되어 행동하는 자가 아니니 감사. ●오직 주님만을 기쁘시게 하고 주님께 영광 돌리는 행동하는 자가 되었으니 감사. ●예수님 때문에

자기 자신을 드러내기 위해 사는 자가 아니니 감사. ●오직 나를 통해 주님만이 존귀케 되게 하고 주를 위해 고난 당하는 자가 되었으니 감사. ●예수님 때문에 목사님은 예수 그리스도의 흔적을 가졌으니 감사. ●예수님 때문에 목사님은 십자가만 자랑하는 자가 되었으니 감사. ●예수님 때문에 자신이 체험한 예수 그리스도를 전하는 자가 되었으니 감사. ●예수님 때문에 목사님은 자신이 체험하고 실제된 은혜를 증거할 때 영혼들이 변화되고 감동하니 감사. ●내가 만난 주님을 만나게 되니 감사.

　●예수님 때문에 목사님은 날마다 시간마다 분초마다 더 깊은 겸손의 마음이 되었으니 감사. ●예수님 때문에 목사님은 예수 그리스도의 부활 생명으로 충만하여 작은 자로 낮아졌음을 감사. ●목사님은 예수 그리스도를 사랑함이 그의 삶에서 가장 강력한 능력임을 확신하는 자가 되었으니 감사. ●목사님 안에서 예수 그리스도의 사랑이 강력한 능력되어 어떤 긴장도 갈등도 속박도 느낄 수 없이 예수 그리스도의 사랑과 의를 겸손하게 실행하는 자가 되었으니 감사.

　●예수 그리스도의 사랑에 강권되고 생명의 능력으로 채움을 받은 자 되었으니 감사. ●마음으로부터 하나님의 뜻을 순종함으로 겸손의 삶을 살게 되었음을 감사. ●목사님은 예수 그리스도의 보배로운 피로 사망 권세와 저주에서 해방되었음

을 확신하며 자유를 누리는 삶이 되었으니 감사. ●예수 그리스도의 십자가를 인정하지 않고 사는 자들을 볼 때 눈물을 흘리며 권면하는 자가 되었으니 감사. ●예수 십자가로 예수 그리스도를 날마다 시간마다 분초마다 만나는 자가 되었음을 감사. ●날마다 시간마다 분초마다 예수 그리스도의 온전으로 충만케 됨을 감사. ●예수 그리스도 외에 다른 것을 구하지 않는 자가 되었으니 감사.

●예수 그리스도가 자신의 전부가 되는 사건인 십자가만을 자랑하는 자가 되었으니 감사. ●예수님 때문에 목사님은 예수 그리스도의 십자가와 부활을 확실히 붙드는 자가 되었으니 감사. ●예수님 때문에 목사님은 예수 그리스도의 십자가 원수로 행하는 자가 아니니 감사. ●예수님 때문에 목사님은 예수 그리스도의 원수로 행하지 말 것을 눈물로 권면하는 자가 되었으니 감사.

●예수님 때문에 목사님은 십자가의 진리와 상관없이 사는 자가 아니니 감사. ●십자가의 진리로 사는 자가 되었으니 감사. ●예수님 때문에 목사님은 자신이 이미 십자가에서 죽었음을 인정하고 고백하고 선포하는 자가 되었으니 감사. ●예수님 때문에 목사님은 자기 영광을 위해 사는 자가 아니니 감사. ●오직 주님께만 영광 돌리는 자가 되었으니 감사. ●예수님 때문에 목사님은 자기 욕심을 위해 사는 자가 아니니 감사.

●다른 사람의 유익을 위해 사는 자가 되었으니 감사. ●예수님 때문에 목사님은 땅의 일을 생각하는 자가 아니니 감사. ●하늘의 일을 생각하는 자가 되었으니 감사. ●예수님 때문에 목사님은 자신을 높이고자 하는 자가 아니니 감사. ●자신을 철저히 낮추는 자가 되었으니 감사. ●예수님 때문에 목사님은 명예를 얻고자 하는 자가 아니니 감사. ●자기 몸에서 예수만 존귀케 되기를 원하는 자가 되었으니 감사. ●예수님 때문에 목사님은 편안함을 추구하는 자가 아니니 감사.

●주님께 헌신하기를 원하는 자가 되었으니 감사. ●예수님 때문에 목사님은 세상의 직위를 자랑하는 자가 아니니 감사. ●예수님 높이는 자, 예수만 자랑하는 자가 되었으니 감사. ●예수님 때문에 목사님은 자신의 공로를 자랑하는 자가 아니니 감사. ●오직 하나님 은혜였음이라고 고백하고 영광 돌리는 자가 되었으니 감사. ●예수님 때문에 목사님은 자신의 출신을 자랑하는 자가 아니니 감사. ●주님의 인도였음을 자랑하는 자가 되었으니 감사. ●예수님 때문에 목사님은 칭찬 받으려 하는 자가 아니니 감사. ●오직 주님께만 영광 돌리는 자가 되었으니 감사. ●예수님 때문에 목사님은 출세하려는 자가 아니니 감사. ●나를 통해 주님만 존귀히 여김을 받으시게 하는 자가 되었으니 감사.

말씀으로 충만케 채우게 됨을 감사

●예수님 때문에 목사님은 말씀을 분변해서 부끄러움이 없는 일꾼 목사님이 되었으니 감사. ●교회는 살아계신 하나님의 교회가 되었음을 감사. ●사람들의 집단 모임이 아니니 감사. ●하나님이 거하시는 지성소가 되었음을 감사. ●성전에서 철저히 모이는 신앙을 가진 교회가 되었으니 감사. ●주님의 머리요, 몸된 교회를 사랑하는 목사님, 성도님 되신 것 감사. ●교회는 음부의 권세가 이기지 못하니 감사. ●교회는 교회를 타락시키는 자는 한 명도 없으니 감사. ●교회를 더럽히는 자도 전혀 없으니 감사. ●목사님과 성도들은 다 충성된 자가 되었으니 감사. ●교회는 분쟁이 없는 교회가 되었으니 감사. ●교회를 위해 생애를 바치는 자들이 다 되었음을 감사.

●정신을 차리고 기도하는 교회가 되었으니 감사. ●주님 부르시는 마지막 시간까지 기도하는 교회 성도가 되었으니 감사. ●먼저 예수 그리스도와 하나 되기를 전혀 힘써 기도하는 목사님, 성도들의 교회가 되었으니 감사. ●예수 생명 예수 정신 예수 사랑 예수 마음 회복을 늘 기도하는 목사님, 교회가 되었으니 감사. ●예수 그리스도와 하나되기 위해 육신(옛 사람을) 깨뜨려 죽이는 기도, 예수 그리스도와 하나되기 위해 죄를 자복하고(껍질 벗기듯) 회개하는 기도, 섬김과 헌신을 위해 성령 안에서 끊임없이 기도하는 교회가 되었으니 감사. ●재림을 사

모하는 삶이 되었음을 감사. ●물질의 노예가 아님을 감사. ●
탐심을 이기는 생활이 되었음을 감사. ●인내의 생활이 이루
어진 목사님, 성도님 되었음을 감사.

　●날마다 경건함과 거룩한 생활로 성화 구원을 두렵고 떨
림으로 이루어가는 목사님, 성도, 교회가 되었음을 감사. ●할
렐루야 생활이 되었음을 감사. ●전도하는 목사님, 성도님 교
회가 되었으니 감사. ●목사님은 삶과 목회의 핵심을 예수 그
리스도와의 연합된 삶이 되었으니 감사. ●그리스도의 형상
을 날마다 시간마다 분초마다 더 깊이 이루어짐을 감사. ●예
수님 때문에 목사님은 날마다 시간마다 분초마다 더 깊은 생
명과 평안과 기쁨으로 차고 넘치니 감사. ●예수님 때문에 목
사님은 날마다 시간마다 분초마다 더 깊이 섬김과 낮아짐으로
살게 되었음을 감사. ●예수님 때문에 목사님은 날마다 시간
마다 분초마다 더 깊은 사랑과 희락과 화평과 오래 참음과 자
비와 양선과 충성과 온유와 절제의 열매가 풍성하니 감사.

　●예수님 때문에 목사님은 예수 그리스도의 심장을 가졌으
니 감사. ●날마다 자기를 부인하고 날마다 죽는 삶이 되었으
니 감사. ●사도 바울처럼 자기의 약한 것을 자랑하는 자 되었
으니 감사. ●예수님 때문에 목사님은 치유의 열매가 풍성히
나타나니 감사. ●형통의 열매가 풍성히 나타나니 감사. ●회
복의 열매, 화평의 열매, 화합의 열매가 풍성히 나타나니 너무

너무 감사. ●영혼 구원의 열매, 저주가 풀리는 열매가 풍성히 나타나니 너무너무 감사. ●예수 그리스도의 십자가에서 흘리신 피로 인류에게 생명을 주신 것을 그분의 왕국, 예수님의 나라를 세우기 위함임을 깨닫게 하심을 감사. ●이 목적으로 목회를 하게 하심을 감사. ●잃어버린 양들을 찾아와 주님께로 인도하는 자가 되었음을 감사. ●목회가 교회 부흥이 목적이 아님을 감사. ●사람의 영광을 취하는 자가 아님을 감사.

●교회 부흥은 영혼 구원 그 자체가 목적이 되었음을 감사. ●예수님께서 교회에서 일하시니 감사. ●일하심을 보게 되니 감사. ●목회자와 성도와의 바른 관계, 좋은 관계가 이루어졌음을 감사. ●성도들은 목회자를 주님 대하듯 하니 감사. ●좋은 것을 함께하니 감사. ●물질로 섬기는 성도들이 되었으니 감사. ●순종하고 복종하는 성도들이 되었으니 감사. ●협력하는 성도들이 되었으니 감사. ●목회자를 연소함이나 육체의 약함을 업신 여기는 성도들이 아니니 감사. ●세운 자 즉 목회자를 판단하는 성도들이 아니니 감사. ●목회자를 위해 늘 깨어 기도하는 성도들이 되었으니 감사. ●목회자의 영적 재무장을 위해 기도하는 성도들이 되었으니 감사. ●목회자의 정신적 건강을 위해 기도하는 성도들이 되었으니 감사.

●사탄의 공격으로부터 보호를 위하여 기도하는 성도들이 되었으니 감사. ●담대히 그리스도의 비밀을 전하도록 기도하

는 성도들이 되었으니 감사. ●목사님의 사역에 하나님의 기름부으심이 충만하도록 기도하는 성도들이 되었으니 감사. ●목사님의 가정과 가족을 위해 기도하는 성도들이 되었으니 감사. ●목회 활동에 필요한 재정을 위해서 기도하는 성도들이 되었으니 감사. ●예수님 때문에 목사님은 말씀의 권위를 찾았음을 감사. ●예수님 때문에 목사님은 철저한 말씀 생활을 하게 되었음을 감사. ●날마다 말씀으로 수술받는 자가 되었으니 너무너무 감사. ●말씀을 늘 먹는 자가 되었으니 감사. ●말씀을 더하거나 제하는 자가 아니니 감사. ●말씀을 지키기 위해 생명을 바치는 목사님이 되었으니 감사. ●기록된 말씀 밖에 넘어가지 않는 목사님이 되었으니 감사. ●말씀을 억지로 푸는 자 아니니 감사. ●지금도 순간순간 말씀으로 충만케 채우게 됨을 감사. ●기갈 때를 위해 풍성하게 저축하게 됨을 감사.

●예수님 때문에 목사님은 목회 사역의 동기가 하나님의 이름을 영화롭게 하는 자 되었으니 감사. ●사역의 동기가 돈도 명예도 명성도 전혀 아님을 감사. ●뭇 영혼을 구원 얻도록 잘 인도하는 자가 되었으니 너무너무 감사. ●주님께서 목사님을 만든 목적대로 쓰시니 감사. ●연단을 잘 받게 하셨음을 감사. ●합격품이 되었음을 감사. ●깨끗한 그릇이 되었으니 너무너무 감사. ●예수님 때문에 목사님은 귀한 것만 담는 그릇이 되었으니 감사. ●날마다 목사님의 영혼이, 믿음이, 그릇이 크게

됨을 감사. ●어떤 경우도 넘어지는 자가 아니니 감사. ●믿음과 착한 양심을 가지게 됨을 감사. ●하나님께 합당히 행하는 자가 되었으니 감사. ●예수님 때문에 목사님의 눈에는 항상 회개와 감사의 눈물이 고여 있으니 감사.

●온순한 자 되었으니 감사. ●기쁜 소식을 늘 전해주는 자가 되었으니 감사. ●사랑과 화평의 사자가 되었으니 너무너무 감사. ●순결한 자가 되었으니 너무너무 감사. ●자기 부모, 처자, 형제, 자매를 떠난 자, 즉 이보다 하나님을 더 사랑하고 순종하는 자가 되었으니 감사. ●자기 목숨을 미워하는 자, 자아를 부정하는 자 되었으니 감사. ●자기 십자가를 지고 주를 좇는 자가 되었으니 감사. ●자기 모든 소유를 버린 자 되었으니 너무너무 감사. ●주님 말씀 안에 거하는 자 되었으니 너무너무 감사. ●서로 사랑하는 자 되었으니 감사. ●과실을 많이 맺는 자 되었으니 너무너무 감사.

●예수님 때문에 목사님은 자기 생명을 포기하고 예수 그리스도의 생명으로 채워진 선한 목자가 되었으니 너무너무 감사. ●영혼들에게 생명과 사랑을 주는 선한 목자가 되었으니 너무너무 감사. ●권위를 내세우는 자가 아니라 양들을 섬기는 겸손한 선한 목자가 되었으니 너무너무 감사. ●성도들의 잘못을 보고 지적하고 가르치려고 하는 것이 아니라 십자가 밑에 얼른 엎드려 자신의 문제로 알아서 그 영혼을 위해서 회

개하는 선한 목자가 되었음을 감사. ●듣는 귀가 열려있는 자 되었으니 감사. ●말로 가르친 자가 아니라 양들을 사랑의 가슴으로 안는 선한 목자가 되었음을 감사. ●상급을 받을 참 목자가 되었으니 너무너무 감사. ●예수님 손에 붙들린 목자가 되었으니 감사. ●영혼에게 좋은 꼴을 먹이는 선한 목자가 되었으니 너무너무 감사. ●길 잃은 양을 찾아 인도하는 선한 목자가 되었으니 너무너무 감사.

　●약한 심령을 싸매주는 선한 목자가 되었으니 너무너무 감사. ●양 무리의 본을 보이는 선한 목자가 되었으니 너무너무 감사. ●양을 위해 희생하는 선한 목자가 되었으니 너무너무 감사. ●양을 위해 눈물 흘리는 선한 목자가 되었으니 너무너무 감사. ●예수 그리스도의 생명으로 채워진 선한 목자로서 어디를 가든지 생명과 사랑의 열매가 풍성히 나타나게 됨을 너무너무 감사. ●부흥의 열매가 나타나니 감사. ●치유의 열매가 나타나니 감사. ●믿고 구한 것은 받은 줄 믿으라 하신 예수님 너무너무 감사합니다.

11장

나는 주님의 질그릇임에 감사

"그러나 여호와여, 이제 주는 우리 아버지시니이다 우리는 진흙이요 주는 토기장이시니 우리는 다 주의 손으로 지으신 것이니이다"
(사 64:8)

●나는 예수님 때문에 교만한 자가 철저히 아니니 너무너무 감사. ●겸손한 자가 되었으니 너무너무 감사. ●나는 예수님 때문에 하나님을 주인으로 여기지 않고 내가 주인으로 사는 자가 철저히 아니니 감사. ●하나님으로, 의로 철저히 사는 자 되었으니 너무너무 감사. ●나는 예수님 때문에 악인의 꾀를 쫓는 자가 철저히 아니니 감사. ●예수님의 통치 받는 자, 정직한 자 되었으니 너무너무 감사. ●나는 예수님 때문에 나의 부족을 철저히 깨닫는 자가 되었으니 너무너무 감사. ●말씀에 철저히 순종하는 자가 되었으니 너무너무 감사. ●나는 예수님 때문에 각종 질병 가운데 있지 않음을 너무너무 감사. ●나는 예수님 때문에 건강한 자 되었으니 너무너무 감사. ●나는

예수님 때문에 오만한 자가 아니니 감사.

●나는 예수님 때문에 시간마다 분초마다 주님을 인정하는 자가 되었으니 너무너무 감사. ●나는 예수님 때문에 나를 내려놓는 자가 되었으니 너무너무 감사. ●주님의 통치를 경험하는 자 되었으니 너무너무 감사. ●나는 예수님 때문에 범사에 주님이 통치하심을 너무너무 감사. ●나는 예수님 때문에 심령이 가난한 자가 되었으니 너무너무 감사. ●나는 예수님 때문에 천국이 나의 것이 되었으니 너무너무 감사. ●나는 예수님 때문에 애통하는 자가 되었으니 너무너무 감사.

●나는 예수님 때문에 위로받는 자가 되었으니 너무너무 감사. ●나는 예수님 때문에 온유한 자가 되었으니 너무너무 감사. ●나는 예수님 때문에 땅을 기업으로 받은 자가 되었으니 너무너무 감사. ●나는 예수님 때문에 의에 주리고 목마른 자가 되었으니 너무너무 감사. ●나는 예수님 때문에 배부른 자가 되었으니 너무너무 감사. ●나는 예수님 때문에 긍휼히 여기는 자가 되었으니 너무너무 감사. ●나는 예수님 때문에 긍휼히 여김 받는 자가 되었으니 너무너무 감사. ●나는 예수님 때문에 마음이 청결한 자가 되었으니 너무너무 감사. ●나는 예수님 때문에 하나님을 보는 자 되었으니 너무너무 감사.

●나는 예수님 때문에 화평케 하는 자가 되었으니 너무너무

감사. ●나는 예수님 때문에 하나님의 아들이 되었으니 너무너무 감사. ●나는 예수님 때문에 의를 위하여 핍박 받는 자가 되었으니 너무너무 감사. ●나는 예수님 때문에 상급 받은 자가 되었으니 너무너무 감사. ●하나님이 보호하셨음을 후대가 알게 속히 응답하시니 감사. ●하나님의 보호하심을 두고두고 찬송하게 속히 응답하심을 감사. ●원수가 기뻐할까 하여 고통에서 속히 응답하시니 감사. ●원수가 이기었다 할까 봐 속히 응답하심을 감사. ●예수님 때문에 고난을 통해 정결케 되었음을 감사. ●예수님은 나의 선한 목자이시니 감사. ●하나님의 권능의 오른손에 붙들린 별이 되었음을 감사. ●승리의 주님, 힘이 되신 주님, 능력이 되신 주님의 절대적 권능의 오른손에 붙들림 받았음을 감사. ●예수님을 대표하는 사신이 되었음을 감사. ●진리를 선포하는 자가 되었으니 감사. ●말씀을 가르치는 자가 되었으니 감사. ●주님께 순종하는 종이 되었으니 감사. ●교회를 감독하는 자로 삼으심을 감사. ●양 무리를 양육하는 자로 부르심을 감사. ●심판을 예고하는 파수꾼으로 삼으신 하나님께 감사.

●주님은 나의 주시오니 감사. ●나의 주인이시오니 감사. ●나는 주님의 것이오니 감사. ●주밖에는 나의 복이 없음을 감사. ●주님은 나의 의지할 자이시니 감사. ●주님은 나의 의뢰할 자이시니 감사. ●주님은 나의 소망이시니 감사. ●주님은 나의 응답이시니 감사. ●주님은 나의 복이시니 감사. ●주

님은 나의 토기장이시니 감사. ●나는 주님의 질그릇이니 감사. ●나는 주님의 명품이시니 감사. ●주님 귀하게 쓰는 그릇이 되었으니 감사. ●주님은 나의 자랑이시니 감사. ●주님은 나의 기쁨이시니 감사. ●주님은 나의 상급이시니 감사. ●주님은 나의 면류관이시니 감사. ●주님은 나의 천국이시니 감사. ●주님은 나의 친구이시니 감사. ●나는 주님만이 자랑이요 기쁨이요 보람이 되니 감사. ●나는 주님 만의 존귀한 자녀가 되었으니 감사. ●나는 주님만의 존귀가 신부가 되었으니 감사. ●나는 주님만의 존귀가 백성이 되었으니 감사. ●나는 주님만의 존귀가 나라가 되었으니 감사. ●나는 긍휼을 입은 자 되었으니 감사. ●예수님 때문에 나는 정직한 자, 주님의 성품을 가진 자, 하나되게 하는 자, 유익하게 하는 자가 되었으니 감사. ●가나안 칠족은 이미 예수님께서 나에게 붙이셨으니 감사. ●예수님의 십자가에서 사탄의 머리는 박살났으니 감사. ●예수님의 부활의 영으로 승리를 안겨주셨으니 감사.

●나는 예수님 이름으로 정복하고 다스리면 되니 너무너무 감사. ●믿고 구한 것은 받은줄 믿으라 하셨으니 감사. ●마음으로 믿고 입으로 시인하여 구원에 이르게 하신 하나님께 감사. ●예수님 때문에 나는 교만 자만 우월감을 가지는 자가 아니니 감사. ●겸손한 자가 되었으니 감사. ●예수님 때문에 음란과 세상을 사랑함은 나와 상관이 없으니 감사. ●주님만을 사랑하며 믿음의 사람이 되었으니 감사. ●예수님 때문에 나

는 욕심 인색 탐욕의 사람이 아니니 감사. ●예수님 때문에 나눠주고 섬기는 자가 되었으니 감사. ●예수님 때문에 게으른 자 나태하고 방탕한 자가 아니니 감사. ●부지런하고 성실하고 근면한 자가 되었으니 감사. ●예수님 때문에 혈기와 분노 그리고 상처주는 말, 과격한 말하는 자가 아니니 감사. ●예수님 때문에 온유하고 겸손하고 사랑하는 자가 되었으니 감사. ●예수님 때문에 의심하고 늘 변하고 세상 것 육의 것 썩은 것 좋아하는 자가 아니니 감사. ●예수님 때문에 거짓말 이간질 이중성품 간교함 간사함 꾀는 자가 아니니 감사. ●예수님 때문에 정직하고 진실하고 신실한 자가 되었으니 감사.

●나는 예수님 때문에 내가 나의 영혼을 경영하는 자가 아니니 너무 너무 감사. ●나는 예수님 때문에 하나님이 나의 영혼을 경영하시니 너무너무 감사. ●나는 예수님 때문에 하나님의 일하심을 깊이 기다리지 못하는 자가 아니니 너무너무 감사. ●나는 예수님 때문에 하나님의 일하심을 깊이 기다리는 자가 되었으니 너무너무 감사. ●나는 예수님 때문에 요셉처럼 하나님 말씀이 응할 때까지 기다리는 자가 되었으니 너무너무 감사. ●나는 예수님 때문에 인내하는 자가 되어 하나님 방법으로 성공한 자가 되었으니 너무너무 감사. ●나는 예수님 때문에 고난 중에 승리한 자 되었으니 너무너무 감사. ●나는 예수님 때문에 내가 경영하여 매일 근심과 이 생각 저 생각에 잠기는 자가 철저히 아니니 너무너무 감사. ●예수님 때

문에 철저히 주님이 나로 경영하는 자 되었으니 너무너무 감사. ●나는 예수님 때문에 시기, 질투, 불안, 두려워하는 자 철저히 아니니 감사. ●악신은 나와 전혀 상관이 없으니 너무너무 감사.

●나의 무거운 짐을 다 담당하신 예수님이 나를 보호하시니 감사. ●얽매이기 쉬운 죄을 다 담당하시는 예수님이 나를 보호하시니 감사. ●간힘으로부터 늘 자유와 해방을 주신 예수님이 나를 보호하시니 감사. ●불꽃같은 눈으로 나를 지키시는 주님이 나를 보호하시니 감사.

●작은 신음까지도 들으시는 주님이 나를 보호하시니 감사. ●나의 언행 심사를 통치하시는 주님이 나를 보호하시니 감사. ●나의 폐부를 살피시는 주님이 나를 보호하시니 감사. ●나의 머리털까지 세시는 예수님이 나를 보호하시니 감사. ●내 마음속에 계시는 예수님이 나를 보호하시니 감사. ●사지 백체 오장육부, 혈관, 피, 물, 세포까지 육을 창조하신 하나님이 나를 보호하시니 감사. ●영, 육, 혼, 마음, 생각을 창조하신 예수님이 나를 보호하시니 감사. ●내가 이 주님께 피하는 자 되었으니 너무너무 감사. ●나에게는 예수님 때문에 안전만 있으니 너무너무 감사. ●나는 예수님 때문에 평안만 있으니 너무너무 감사. ●나는 예수님 때문에 승리만 있으니 너무너무 감사. ●나는 예수님 때문에 오직 주께만 영광 돌리는 자가

되었으니 너무너무 감사. ●주님과 나는 하나가 되었으니 너무너무 감사. ●내 손은 예수님의 손이니 너무너무 감사.

　●'존귀한 손이니 너무너무 감사. ●예수님의 일하는 손이 되었으니 너무너무 감사. ●예수님의 섬기는 손이 되었으니 너무너무 감사. ●예수님의 사랑의 손이 되었으니 너무너무 감사.

　●예수님의 나라를 이루는 손이 되었으니 너무너무 감사. ●예수님의 뜻을 이루는 손이 되었으니 너무너무 감사. ●예수님의 소원을 이루시는 손이 되었으니 너무너무 감사. ●예수님의 목적을 이루는 손이 되었으니 너무너무 감사. ●내 손을 예수님의 손으로 마음껏 사용하시니 너무너무 감사. ●내 발을 예수님의 발로 마음껏 사용하시니 너무너무 감사. ●내 눈을 예수님의 눈으로 마음껏 사용하시니 너무너무 감사. ●내 귀를 예수님의 귀로 마음껏 사용하시니 너무너무 감사. ●내 마음을 예수님의 마음으로 마음껏 사용하시니 너무너무 감사. ●내 몸을 예수님의 몸으로 마음껏 사용하시니 너무너무 감사. ●그렇게 때문에 나를 보호하시니 너무너무 감사.

　●내 생각들 보호하시니 감사. ●내 눈을 보호하시니 감사. ●내 귀를 보호하시니 감사. ●내 입을 보호하시니 감사. ●내 몸을 보호하시니 감사. ●내 치아를 보호하시니 감사. ●내 혀를 보호하시니 감사. ●내 입술을 보호하시니 감사. ●내 코를

보호하시니 감사. ●내 모든 뼈를 보호하시니 너무너무 감사. ●내 혈관, 세포, 피, 간장, 위장, 십이지장, 췌장, 대장, 소장, 방광, 자궁, 항문, 팔, 다리, 손, 발, 손톱, 발톱, 손바닥, 발바닥, 손마디, 유방, 발가락 마디, 어디 한 부분도 빼놓지 않고 다 보호하시니 너무너무 감사. ●나의 영육혼을 다 보호하시니 너무너무 감사. ●나는 예수님 때문에 행복자가 되었으니 감사. ●존귀한 자가 되었으니 감사. ●사명자가 되었으니 감사. ●쓰임 받는 자가 되었으니 감사. ●오직 주께만 영광 돌리는 자가 되었으니 감사. ●주님께 꼭 필요한 자가 되었으니 감사.

"하나님은 사람이 아니시니 거짓말을 하지 않으시고 인생이 아니시니 후회가 없으시도다 어찌 그 말씀하신 바를 행하지 않으시며 하신 말씀을 실행하지 않으시랴"(민 23:19)

"만군의 여호와께서 맹세하여 이르시되 내가 생각한 것이 반드시 되며 내가 경영한 것을 반드시 이루리라"(사 14:24)

"너희는 귀를 기울이고 내게로 나아와 들으라 그리하면 너희의 영혼이 살리라 내가 너희를 위하여 영원한 언약을 맺으리니 곧 다윗에게 허락한 확실한 은혜이니라"(사 55:3)

"하나님이여 나를 지켜 주소서 내가 주께 피하나이다"(시 16:1)

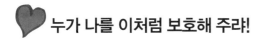 **누가 나를 이처럼 보호해 주랴!**

하나님이여, 나를 보호하소서!

●전능하신 하나님이 나의 하나님 되시니 감사. ●전지하신 하나님이 나의 하나님이시니 감사. ●천지를 창조하시고 나를 창조하신 하나님이 나의 하나님이시니 감사. ●이 하나님이 나를 보호하시니 감사. ●주님은 나의 구주가 되시니 감사. ● 구주가 되신 나의 하나님이 나를 보호하시니 감사. ●나의 생명이 되신 주님이 나를 보호하시니 감사. ●나의 사랑이 되신 하나님이 나를 보호하시니 감사. ●나의 왕이 되신 예수님이 나를 보호하시니 감사. ●나의 소망이 되신 예수님이 나를 보호하시니 감사. ●나의 주인이 되신 예수님이 나를 보호하시니 감사. ●나의 목적이 되신 예수님이 나를 보호하시니 감사. ●나의 힘이 되신 예수님이 나를 보호하시니 감사. ●나의 방패가 되신 예수님이 나를 보호하시니 감사. ●나의 산성이 되신 예수님이 나를 보호하시니 감사. ●나의 요새가 되신 예수님이 나를 보호하시니 감사. ●나의 피할 바위가 되신 예수님이 나를 보호하시니 감사.

●나의 목자가 되신 예수님이 나를 보호하시니 감사. ●신실하신 예수님이 나를 보호 하시니 감사. ●약속을 이루시는 예수님이 나를 보호하시니 감사. ●나를 구원하신 예수님이 나를 보호하시니 감사. ●나를 사랑하신 예수님이 나를 보호

하시니 감사. ●나를 자기의 소유를 삼으신 예수님이 나를 보호하시니 감사. ●나를 자기 나라 삼으신 예수님이 나를 보호하시니 감사. ●나를 신부 삼으신 예수님이 나를 보호하시니 감사. ●나에게 이김을 주신 예수님이 나를 보호하시니 감사. ●나를 대신해서 죽으신 예수님이 나를 보호하시니 감사. ● 나의 예수님이 나를 보호하시니 감사.

●나를 위해 부활하신 예수님이 나를 보호하시니 감사. ● 나의 죗값을 다 치르신 예수님이 나를 보호하시니 감사. ●나의 가난을 완전 해결해 주신 예수님이 나를 보호하시니 감사. ●나의 질병을 다 해결하신 예수님이 나를 보호하시니 감사. ●고아와 과부같이 이 세상 버려두지 아니하시고 성령님으로 내 마음에 와계신 예수님이 나를 보호하시니 감사. ●나의 보호자가 되시는 예수님이 나를 보호하시니 감사. ●나의 연약함을 다 담당하신 예수님이 나를 보호하시니 감사. ●나의 저주를 다 담당하신 예수님이 나를 보호하시니 감사. ●나의 실패를 다 담당하신 예수님이 나를 보호하시니 감사. ●나의 고통을 다 담당하신 예수님이 나를 보호하시니 감사. ●나의 아픔을 다 담당하신 예수님이 나를 보호하시니 감사. ●아들을 주신이가 어찌 그 아들과 함께 모든 은사를 주지 않겠는가 하신 예수님이 나를 보호하시니 감사. ●나에게 행복을 갖다 주신 예수님이 나를 보호하시니 감사. ●나에게 승리를 갖다 주신 예수님이 나를 보호하시니 감사. ●나에게 은혜를 입혀 주

신 예수님이 나를 보호하시니 감사. ●나에게 은총을 베푸신 예수님이 나를 보호하시니 감사. ●나에게 믿음을 주신 예수님이 나를 보호하시니 감사. ●나에게 생명을 주신 예수님이 나를 보호하시니 감사.

●나를 긍휼이 여기시는 예수님이 나를 보호하시니 감사. ●나에게 자비를 베푸신 예수님이 나를 보호하시니 감사. ●나에게 인자로우신 예수님이 나를 보호하시니 감사. ●나의 능력이 되신 예수님이 나를 보호하시니 감사. ●나의 전부가 되신 예수님이 나를 보호하시니 감사. ●나의 부요가 되신 예수님이 나를 보호하시니 감사. ●나의 강함이 되시는 예수님이 나를 보호하시니 감사. ●나의 응답이 되시는 예수님이 나를 보호하시니 감사. ●나의 풍요로움이 되시는 예수님이 나를 보호하시니 감사. ●나의 길이 되신 예수님이 나를 보호하시니 감사. ●나의 등이 되신 예수님이 나를 보호하시니 감사. ●나의 빛이 되신 예수님이 나를 보호하시니 감사. ●나의 행복이 되신 예수님이 나를 보호하시니 감사. ●나의 감사가 되신 예수님이 나를 보호하시니 감사. ●나를 지키시는 예수님이 나를 보호하시니 감사. ●나를 책임지시는 예수님이 나를 보호하시니 감사. ●나를 보증하시는 예수님이 나를 보호하시니 감사. ●나를 보장하시는 예수님이 나를 보호하시니 감사. ●마귀를 이기신 예수님이 나를 보호하시니 감사.

● 전쟁을 담당하신 예수님이 나를 보호하시니 감사. ● 나를 위해 대신 싸우시는 예수님이 나를 보호하시니 감사. ● 나를 찬양케 하신 예수님이 나를 보호하시니 감사. ● 오직 주께만 영광 돌리게 하신 예수님이 나를 보호하시니 감사. ● 오직 승리의 개가만 부르게 하신 예수님이 나를 보호하시니 감사. ● 구하게 하신 예수님이 나를 보호 하시니 감사. ● 나를 의로운 오른손으로 붙드시는 예수님이 나를 보호 하시니 감사. ● 나를 손바닥에 새기고 계신 예수님이 나를 보호하시니 감사. ● 나를 인도하시는 예수님이 나를 보호하시니 감사. ● 나를 이끌어 주시는 예수님이 나를 보호하시니 감사. ● 나를 밀어 주시는 예수님이 나를 보호하시니 감사. ● 나를 기뻐하는 예수님이 나를 보호하시니 감사. ● 나를 칭찬하는 예수님이 나를 보호하시니 감사.

● 예수님 때문에 나는 주님의 전능하심을 믿는 믿음, 신실하심을 믿는 믿음, 도우심을 믿는 믿음, 지키심을 믿는 믿음, 책임지심을 믿는 믿음, 보장하심을 믿는 믿음의 사람이 되었으니 너무너무 감사. ● 주님만을 의지하는 강하고 담대한 믿음을 주신 것 감사. ● 주님은 날마다 시간마다 분초마다 나에게 최고의 것으로 최상의 것으로 최선의 것으로 최미의 것으로 통치하여 주시니 너무너무 감사. ● 이때까지 주님의 사랑의 손길, 축복의 손길, 치료의 손길, 긍휼의 손길, 자비의 손길, 응답의 손길을 보지 못하고 내 생각과 연약한 믿음의 테두리

에 서만 보고 힘들고 지치고 실망했던 것 용서해 주시니 감사. ●예수님 때문에 하나님의 사랑을 의심하는 자가 아니니 감사. ●하나님의 사랑을 알고 깨닫고 믿는 믿음의 사람이 되었으니 감사. ●예수 부활 내 부활이니 감사. ●사망에서 생명의 부활 가졌으니 감사. ●육에서 영적으로 부활주심 예수님께 감사. ●어둠에서 빛으로 부활하신 예수님께 감사.

●부활로 미움에서 사랑으로 예수님께 감사. ●질병에서 건강으로 바뀌게 하심 감사. ●저주에서 축복으로 부활하신 예수님께 감사. ●슬픔에서 기쁨으로 바뀌게 하심 감사. ●절망에서 소망으로 부활하신 예수님께 감사. ●하나님을 원망에서 하나님께 영광으로 바뀌게 하심 예수님께 감사. ●율법에서 은혜로 바뀌게 하심 감사. ●불안에서 평강으로 바뀌게 하심 감사. ●더러움에서 거룩함으로 바뀌게 하심 감사. ●얽매임에서 자유함으로 바뀌게 하심 감사. ●가난에서 풍요함으로 바뀌게 하심 감사. ●무거운 짐에서 해방으로 바뀌게 하심 감사. ●죽음에서 영생으로 부활을 주신 예수님께 감사.

●부활 생명의 능력으로 나에게 오신 성령님은 오늘도 나에게 예수 그리스도를 증거하사 주 예수 그리스도를 알게 하시고 깨닫게 하시고 따라가게 하시니 감사. ●성령님은 나를 하나님의 자녀임을 증거해 주시니 감사. ●진리에 대하여 증거해 주시니 감사. ●성령께서 신령한 일을 분별하게 해주시니

감사. ●성령님은 나에게 하나님 말씀을 가르쳐주시고 생각나게 해주시니 감사. ●성령님은 그리스도의 영으로 나에게 하나님을 경외하게 하는 영으로 충만케 하시니 감사. ●하나님을 사랑하게 하는 영으로 충만케 하시니 감사. ●하나님을 기쁘시게 하는 영으로 충만케 하시니 감사. ●하나님을 찬양케 하시는 영으로 충만케 하시니 감사. ●변함없이 예수 그리스도를 사랑하게 하심이니 감사. ●성령님은 예수님만 사랑하게 하시고 예수님의 이름을 드러나게 하시니 감사. ●성령님은 예수 그리스도를 본받게 하시니 감사. ●성령님은 서로 사랑가운데 행하게 하심이니 감사. ●성령님은 심령을 늘 새롭게 하시고 영적 예배를 드리게 하시니 감사. ●성령님은 나의 영혼을 기쁘게 하시고 평안의 맘을 주시니 감사. ●성령님은 겸손한 마음을 주시며 예수 그리스도의 심장이 되게 해주심을 감사.

●성령님은 오늘도 내 안에 계셔서 세상 욕심을 버리게 하심이니 감사. ●성령님은 내 영혼을 자라게 하심이니 감사. ●성령으로 날마다 나에게 생명의 생수가 넘치게 하시니 감사. ●날마다 말씀의 역사가 나타나게 하심을 감사. ●나의 심령을 성결케 하심을 감사. ●성령님은 나를 늘 하나님과 화평케 하는 일을 하시고 이웃을 용서하게 하심이니 감사. ●성령님은 내가 곤고하고 지칠 때마다 소망이 넘치게 하시고 내 영혼을 위로하시고 생활을 부요케 하시니 감사.

제2부

더디 믿는 자여! 깨닫게 하심을 감사

열쇠를 보고 깨닫다.

현관문이 유리문이다.

열쇠로 열고 잠글 때마다 잘 안 되었다.

둥근 열쇠인데 이리 꽂아도 저리 꽂아도 열쇠가 완전히 안 들어가 한참 동안 실랑이를 벌여야 겨우 문이 열린다. 그래서 두 번 집에 들어갔다 올 것도 한번만 간다. 열쇠가 말을 잘 안 들어 잠그고 열 때마다 불평이 나온다. 이런 짓을 1년을 넘게 했다. 출입문을 바꾸자니 비용이 겁이 났다.

몇 일 전 비로소 방법을 알았다.

열쇠를 어떻게 넣으면 된다는 것을….

무조건 넣고 돌린다고 해서 되는 게 아니었다. 이때까지 무조건 넣어서 이리 돌리고 저리 돌리고 하면서 보통 4~5번 넘게 해야 겨우 잠기고 열렸다.

그런데 그날은 열쇠가 수월하게 잘 들어갔다.

자세히 보고 다시 한번 하니 그대로 됐다.

'지혜가 없으니 이렇게 불편하고 힘들었구나'라며 마음에 깨달음과 탄식이 나왔다. 바로 알고 하면 헤매는 게 없는데…. 지혜가 얼마나 중요한지, 지혜가 없으면 얼마나 어렵고 얼마나 불편하고 얼마나 힘든지 깨달았다.

이 문을 잠그고 열 때마다 평안이 없었다. 마음의 문도 마찬가지였다. 지혜가 없으면 영·육·혼이 고생한다. 온 가족이, 온 교회가, 온 나라가 고생한다.

지혜가 축복의 열쇠다.

지혜가 축복의 길이다. 지혜가 축복의 답이다. 지혜가 문제의 열쇠다. 지혜가 문제의 길이다. 지혜가 문제의 답이다. 이 지혜는 예수 그리스도, 지혜는 생명나무, 지혜를 따라 성장이 다르다. 길이가 다르다. 량이 다르다. 정도가 다르다.

잘 되는 것은 이유가 있다.

원리가 있다. 이것을 찾는 것이 지혜이다(잠언 지혜가 제일이다).

무조건 힘을 쓰고 애쓰는 것은 내 방법이다. 답이 없다. 고생만 한다. 육도 영도 혼도 하나님 주시는 지혜로 하면 힘도 안 들고 시간도, 에너지도, 인격도 낭비하지 않는다.

> "네가 자기의 일에 능숙한 사람을 보았느냐 이러한 사람은 왕 앞에 설 것이요 천한 자 앞에 서지 아니하리"(잠 22:29)

> "진리를 사되 팔지를 말며, 지혜나 훈계와 명철도 그리할지니다"(잠 23:23).

지혜는 진리에서 나온다. 그런데 대가를 지불해야 온다. 하나님 앞에 나와야 하고, 간절히 구해야 한다. 하나님이 주시는 것은 귀한 것이기 때문에 아무나 쉽게 주는 것이 아니다. 시간, 마음, 정성, 물질, 건강을 믿음으로 드려야 한다.

'지혜가 없어 힘들게 사는 나를 보시고 우리 주님 얼마나 답답하셨을까….'

나처럼 둔하고 미련하고 더뎌도 하나님은 사랑하시고 기다리시니 감사했다. 깨달을 때까지 기다리시니 감사했다.

다른 사람이 부족해 보여도 답답해 보여도 미련해 보여도 못 깨달아도 못 따라가도 이해를 못해 고집을 부려도 하나님도 기다려 주셨는데 난 기다리지 못하고 멍청하다고 답답해하고 상처 주고 죄지은 것 용서해 주시니 감사합니다.

'좀 답답해 보여도 기다리고 기다리면 깨닫게 되는구나.'

지도자는 기다리는 게 지혜임을 깨달았다. 기다려 주는 훈련으로 예수님의 인격을 갖기 원한다.

나는 빈 배였다

> "그들이 배들을 육지에 대고 모든 것을 버려 두고 예수를 따르니라"(눅 5:11)

밤새도록 그물을 내려 물고기를 잡았어도 실패였다.

이제까지 열심히 살았어도 결과는 실패였다.

잘 살아보려고 발버둥 치고 허우적거리며 열심히 살았지만 결과는 질병만 남았다. 실패는 분명한 원인이 있다.

걷잡을 수 없는 질병이 드러남은 원인이 있다.

관리를 잘못해서, 너무 과로해서, 현실이 허락하지 않아서, 편식해서, 절제 못하는 과식 때문에, 운동 부족으로, 물을 안 먹어서, 스트레스 때문에, 물이 깨끗하지 않아서, 피가 탁해서, 독소 때문에, 영양 부족 때문에, 죄 때문에….

이 나이에 돌아온 것은 온통 질병이었다.

눈도, 귀도, 심장도, 신장도, 위장도, 치아도, 신경도, 뼈도 이상 증세가 있어 병원만 찾아가면 크고 작은 문제를 드러냈다. 완전 고물, 완전 폐품이었다.

건강을 잃으면 다 잃는다. 몸이 가난하면 다 가난하다. 돈이 있어도 가난하고, 가족이 있어도 가난하고, 친구가 많아도 가난하고, 하는 일이 잘 되도 난 역시 가난하다. 마음에서부터 힘을 잃는다.

이런 나에게 수없이 찾아와 문을 두드리신 예수님, 말씀으로 다가오신 주님을 수없이 거절하고 대적하고 때로는 마음의 문을 열고 받아들여 수용했지만 그 음성에 순종이 없든 나였다.

넘어지고 또 넘어지고 실패의 연속이었지만 사랑의 주님은 나를 포기하지 않고 수없이 찾아오셨다.

빈 배인 베드로에게 찾아오신 예수님은 나에게로 수없이 찾아 오셨다.

"청지기가 속으로 이르되 주인이 내 직분을 빼앗으니 내가 무엇을 할까 땅을 파자니 힘이 없고 빌어 먹자니 부끄럽구나"(눅 16:3)

 ## 암을 통해 깨달은 주님의 사랑과 은총

주님만 똑바로 보고 싶어요. 목자 되신 주님만 똑바로 보고 주님 음성만 듣고 따라 갈래요. 이젠 더 이상 교만하여 주님 머리 위에 앉기 싫어요. 자만하여 주님 영광 가로채기 싫어요. 거만하여 이웃을 멸시하기 싫어요.

주여, 주님보다 먼저 올라가려고 설치지 않게 도와주소서.

교만, 자만, 거만의 죄를 용서하시고 제발 겸손하고 온유하게 하소서.

주여, 더 이상 곁눈질하기 싫어요. 온갖 세상 유혹을 친구 삼아 동행하여 곁가지가 너무 많아요. 회개하고 말씀의 검으로 철저히 전지작업하여 성령의 인도만 받기 원합니다. 이때까지 온갖 세상 유혹 따라간 죄 용서하소서. 이제 성령의 강력한 불 주셔서 주님만 똑바로 보고 가게 하소서.

주여, 스스로 신앙생활 잘 하고 있다고 자부했지만 문제에 부딪힐 때 내 안에 사랑이 하나도 없음이 들통났어요. 사랑이 없으면 사랑의 방언, 천사의 말을 할지라도 소리 나는 구리와 울리는 꽹과리가 되고 모든 지식이 있고 예언하는 능력이 있고 산을 옮길만한 믿음이 있을지라도, 또 내 몸을 불사르게 내어줄지라도 사랑이 없으면 아무 소용이 없고 아무 유익도 없고 헛것이라 했는데 문제마다 사람과 부딪히고 나서야 나 자신을 돌아보고 나에게 사랑이라고는 눈곱만큼도 없음을 알았습니다.

사랑은 제일 먼저 오래 참고 시기치 않고 교만치 않고 무례히 행치 않고 성내지 않고 내 유익을 구하지 않고 불의를 기뻐 않고 진리와 함께 기뻐하고 모든 것을 믿고 바라고 견딘다고 했는데 번번이 이 시험에 하나도 합격이 없고 낙제 점수만 받으니 주여, 이를 어찌하오리까….

구하면 얻고 주신다고 하신 주님, 예수로 주신 사랑 성령 충만치 않아 다 소멸하고 사랑 없는 죄를 용서하소서. 사랑으로 행치 않은 모든 것을 용서하시고 주님의 사랑을 부어주소서. 십자가 사랑의 정신을 부어주소서. 주님 사랑, 영혼 사랑 불붙게 성령의 불을 주소서.

지금까지 수없이 많은 영혼을 부쳐주셨건만 사랑 없이 감사할 줄 모르고 잘해줄 때만 감사하고 조금만 섭섭해도, 조금만 실수해도, 조금만 부족해도 무시하고 존경치 않고 남들과 비교하며 판단, 원망, 불평한 저를 용서하소서. 기죽이고 상처 입히고 시험 들게 하고 실족하게 한 것을 용서하소서.

나에게 암은 주님의 특별한 사랑이요 은총이었다.

불도저처럼 밀고 나가는 인생에서 잠깐 멈추는 시간이었다. 왜? 수리해야 하기 때문, 재정비해야 되기 때문이다. 잘못된 길, 엇나간 길, 죽음의 길, 멸망의 길로 가고 있기 때문에 급브레이크를 작동시킨 것이다.

모든 것을 내려놓고 자신을 점검하고 모든 것을 내려놓고 주님을 찾게 하고 모든 것을 내려놓고 천국과 지옥을 생각하고 바라보게 함이었다. 내 힘 빼는 작업이요, 영의 눈이 뜨이는 시기요, 영의 귀가 열리는 시기요, 영의 귀가 들리는 시기요, 주님을 만나는 시기요, 물질을 뛰어넘는 시기요, 나를 뛰어넘는 시기요, 온갖 죄악과 유혹을 뛰어넘는 시기요, 주님 없는 인생은 아무것도 아님을 발견하는 시기였다.

이 질병이 안 걸리는 것이 더 큰 축복이지만 한편으로 생각하면 이 질병은 아무나 걸리는 것이 아니다. 이 병으로 인해 어느 누구도 꺾을 수 없는 자존심이 꺾이고 욕심이 꺾이고 내 소유, 내 손에 있는 것이 꺾이고 교만이 꺾인다. 내가 꺾이고 내가 넘어지고 내가 죽어야 주님을 만날 수 있기 때문이다. 이 질병은 주님의 강력한 사랑의 손길이요, 채찍의 몽둥이다. 그 사랑의 몽둥이 앞에 마음이 무너지고 못된 인격이 무너지고 내 인생이 무너지고 내 자아가 무너지고 원한이 무너지고 욕심이 무너지고 내 꿈이 무너지고 죄의 힘이 무너지고 모든 것이 하나하나 와장창 깨지고 무너지는 소리, 내 깊은 마음속에서부터 꺾이고 무너지는 소리, 진통과 고통을 이루 말할 수 없지만 무너져야 하리, 더 무너져야 하리, 깨져야 하리, 더 깨져야 하리….

모든 일에는 주님 말씀의 선포가 있고 모든 일에는 주님의 손으로 하시는 일이 있다.

"하늘이 하나님의 영광을 선포하고 궁창이 그의 손으로 하신 일을 나타내는도다 날은 날에게 말하고 밤은 밤에게 지식을 전하니 언어도 없고 말씀도 없으며 들리는 소리도 없으나 그의 소리가 온 땅에 통하고 그의 말씀이 세상 끝까지 이르도다 하나님이 해를 위하여 하늘에 장막을 베푸셨도다"(시 19:1-4)

내 의, 내 고집이 항상 주님을 이기고자 했다.

눈에 종양이 있어 수술 날짜를 받았지만 하지 않고 내 나름대로의 자존심 때문에 "약속의 말씀을 붙들고 밀어붙여보자"라는 마음으로 날마다 "믿습니다"라며 버티었다. 그렇게 3년이 지나는 동안 눈꺼풀의 용종은 더 커졌다. "사모님 눈 보면 무서워요"라는 소리가 들려왔다. 어느 날 "그만큼 믿고 기도했으면 다래끼 종류지 암은 아닐 거다"라고 믿으며 대학병원에서 제거 수술을 하며 조직 검사를 했다. 결과는 악성 종양이었다. 병원에서는 곧바로 수술을 하자고 했다.

수술 전 여러 가지 검사를 하니 침샘에도 암이 있었다. 눈 수술부터 하고 원자력 병원에서 목, 침샘 등을 검사하니 귀밑에도 암이 있었다. 이비인후과에서 수술을 위해 귀를 열어보니 암이 귀 연골과 림프에까지 전이가 되었다. 오전 8

시 30분에서 오후 5시 30분까지 수술을 하고는 림프 40개를 다 걷어냈다. 눈은 눈두덩과 눈꺼풀, 눈물샘에도 암이 있었다. 눈꺼풀을 절개해 모든 살을 잘라내고 볼살로 덮었다. 수술 후 8주 동안 아무것도 보지 못했다. 이런 상황에서도 원자력 병원에서 목, 귀 수술을 하고 이 병원, 저 병원에 실려 다니면서 치료를 했다. 또 항암 치료와 방사선 40회 치료를 해야 한다고 했다. 그런데 항암 치료를 두 번 받은 후 수치가 계속 떨어져서 위험하다며 중단했다.

눈과 목, 귀에 방사선 치료를 한 후 목 안이 헐고 혓바닥이 하얗게 되고 입안, 입술이 다 헐었다. 병원에서는 물 2리터를 마시라고 했다. 그런데 입, 혀, 목이 헐어서 먹을 수가 없었다. 침샘을 잘라냈으니 침이 나오지 않아 목이 타들어 가는데 그 고통을 이루 말할 수가 없었다.

"지옥은 이보다 더 목이 타는 곳인데 나는 부분적으로 방사선 빛을 쬐고 있으니 나은 것이다. 지옥은 완전 불꽃 한가운데지만 나는 그 정도는 아니다"라고 생각하며 이겨내려 했다. 볼살로 눈꺼풀을 덮어놨기에 눈물을 흘릴 수도 없었다. 다행히도 주님께서 눈물을 주시지 않았다.

주님께서는 내게 40일 동안 생지옥을 경험하게 하셨다. 십자가의 약속이 있고 기도하면 주신다 했는데, 믿고 구한 것은 받은 줄로 믿으라 했는데 꼭 항암 치료를 해야 하는지, 꼭 방사선 치료를 해야 하는지, 반항의 마음이 생겼다.

늘 기도하며 주님을 잘 믿으라고 늘 큰소리치는데 이런 치료는 받는 것이 자존심이 상했다. 자녀와 부모 형제, 성도, 이웃 앞에 부끄러웠다. 살아있는 것 자체가 너무 힘들고 고통스러웠다.

어느 날 "오, 주여, 나는 주의 종이지요. 종은 자유가 없지요. 주인이 암 걸리라 하면 걸리고 수술해라 하면 하고 방사선 치료해라 하면 받아야죠. 치료받다가 죽어도 주인이 이 일에 목적이 있으면 주인이 시키는 대로 해야죠"라고 생각했다. 이런 깨달음 앞에 이제 힘들어도 주가 하라면 하고 죽기 싫어도 주가 죽으라면 죽어야 하는 내 몸을 주께 맡겼다. 병원 가는 것이 죽기보다 싫었지만 주님께서 방사선 치료 40번을 채우라면 채워야 했다.

처음 방사선 치료를 받고 앞으로 39번 남았다고 생각하니 차라리 천국 가는 것이 낫겠다는 마음이 들었다. 그러나 이런 고통을 통해서도 주님의 음성, 주님의 뜻이 있으니 "나는 주님의 뜻 안에 있는 자다. 주님의 뜻을 이루시는 일에 나는 종이다. 내 주관 내 뜻은 절대 반영될 수가 없다"라는 생각이 들었다. 불로 지지면 당해야 하고 때리면 맞아야 하고 죽으라 하면 죽어야 했다. 치료받을 때마다 "주의 뜻대로 하소서"라고 하니 마음이 편했다. 그리고 모든 처한 상황에 오직 감사만 했다. 감사만 하니 은혜가 폭포수처럼 터져 나왔다. 주님과의 데이트가 얼마나 행복한지…. 거울을 보면 내 얼굴은 시체 같고 괴물 같은데 마음은 천국이 철철철 차고 넘쳤다.

견디고 이기는 길은 주님을 찾는 것, 기도하는 것, 주님 말씀 만나는 것뿐이다.

주님의 그 크신 사랑과 은혜 앞에 녹아지고, 감당이 되고, 견디고, 이기게 되었다. 가끔 목사님 사모님들이 암, 뇌경색 등 감당할 수 없는 질병에 걸려 사경을 헤매고 몸부림치고 탄식하는 분들의 소식이 들려올 때면 '그래도 목회자는 주님의 뜻대로 살려고 몸부림치는데 주님께서 왜 그러실까?'라는 마음에 이해가 안 되기도 했다.

그런데 내가 막상 암에 걸리고 보니 이것은 주님의 특별한 은총임을 깨달았다. 이 고난을 통해 죄가 없어지고 자아가 무너지고 주님 앞에 진실이 되고 신앙생활 안팎의 거품이 제거되었다.

'고통은 잠깐이요, 은총은 평생, 영원하구나'라는 것을 깨달았다.

몹시 힘든 고통이었지만 그래도 영적으로는 최고 호황기였다. 주님보다 늘 앞서가려 하고 주님의 일을 내가 하려 하고 때로는 "주님, 좀 조용히 계세요. 아이고 시끄럽습니다. 모르면 가만히 계세요. 내가 하는 것 보기만 하세요"라고 하던 마음이 "주님, 주님, 주님, 주님 없으면 아무것도 안돼요. 주님 없이는 못 살아요'라는 마음으로 바뀌었다. 주님을 철저히 주인으로 인정해 드리고 아무도 꺾을 수 없는 욕심, 시기, 질투, 교만을 내려놓고 사랑, 긍휼, 은혜, 겸손의 자리에 내려오며 철저히 주님으로 살기로 간절히 기도하게 되었다.

암은 주님이 주시는 특별한 선물이었다. 사랑의 큰 몽둥이 앞에 행위록에 기록된 죄악들을 하나하나 회개로 지우게 하셨고 늘 주님의 근심과 책망 덩어리였던 나를 주님이 기뻐하시는 그릇으로 빚으셨으니 그 크신 사랑에 감사하고 감사할 뿐이다.

육신의 암을 깨끗이 고쳐주셨을 뿐 아니라 영적인 암도 다 고쳐주셨다. 주님께 영광, 생각마다 감사 감사, 말마다 감사 감사, 앉으나 서나 감사 감사, 자나깨나 감사 감사.

오, 주여, 나를 통해 주의 뜻 이루소서!

불의한 청지기가 다 빼앗기고서 "땅을 파자니 힘이 없고 빌어먹자니 부끄럽구나"라는 고백이 바로 나의 고백이었다. 주인의 소유를 낭비한 자가 나였다. 건강도 낭비, 시간도 낭비, 물질도 낭비, 재능도 낭비 다 빼앗겼다. 내 몸도 내 것이 아닌 하나님이 아들의 핏값을 주고 사신 하나님의 것인데 관리도 않고 함부로 쓰고 이로인해 시간도 물질도 모든 것을 나를 위해 살고 주인 것을 도둑질한 자였다.

집 나간 탕자가 다 탕진하고 실패하고서야 정신을 차리고 아버지께로 돌아오는 모습이 내 모습이었다. 건강을 다 빼앗기고 나서 부르짖자니 힘이 없다.

이 병원 저 병원 다니며 건강을 빌어먹자니 부끄러웠다.

예수님 믿는다면서 이 모습이 부끄러웠다. 그러나 이런 나를 사랑하시되 끝까지 사랑하시는 주님을 찬양한다.

주님은 이런 나를 버리지 않으시고 날마다 찾아오신다.

찾아오셔서 교회 나오게 하시고 말씀 듣게 하시고 기도할 수 있게 힘주시고 소망 주시고 만져 주시니 얼마나 감사한지 모른다.

날마다 말씀을 깨닫게 하시고 위로해 주시고 은혜받게 하시고 기도하게 하시고 소망과 용기를 주시며 지금부터 시작이라고 사명도 보여주시니 얼마나 기쁘고 힘이 되는지 모른다.

기도는 내 뜻을 구하는 것이 아니라 하나님 뜻을 구하는 것이다.

하나님은 정결한 재물을 흠향하시고 기뻐하며 잔치하신다 했는데 나는 늘 내 뜻만 구하는 내 욕심과 육신의 정욕 때문에 하나님 앞에 정결한 재물이 되지 못했다. 오늘까지 수많은 제사 즉 하나님 앞에 예배를 드렸건만 헛예배, 가인의 제사가 너무 많았다.

'주여 나에게 회개의 영을 더하사 강력하고
처절한 회개가 터지게 하소서!'

 ## 우리는 부모라는 사명을 받았다

●아이들이 밖에서 신나게 놀 수 있는 힘은 자기를 기다리는 엄마, 아빠가 있기 때문이니 감사. ●집에서 기다리는 엄마, 아빠의 사랑이 밖에서 놀이를 재미있게 하고 기다려 주는 가족이 없을 때 아이는 집밖의 놀아도 재미없음을 깨달으니 감사. ●언제든지 기댈 수 있는 부모가 없을 때 아이는 보호자 없는 고아가 되어 긴장을 풀지 못한 채 불안해하고 염려, 근심에 싸이며 강퍅해지고 사나워짐을 보이게 되니 부모의 사랑, 부모의 그늘이 이렇게 강함을 보니 감사.

여러 가지 질병과 문제로 시달리다 보니 삶의 회의와 질병도 없고 고통도 없는 천국을 많이 사모하게 된다.
한편 그래도 나는 부모인데, 살아있는 자체가 자녀에게 큰 힘이 될 수 있는데, 부모의 그늘에서 자녀들이 안식을 누리며 자유를 누리기에 나에게는 엄마라는 사명이 있다.

자녀들에게 근심을 끼치는 엄마가 아니라 힘이 되어주는 엄마가 되길 위해서는 죄에게 지면 안 되겠다. 연약에 지면 안 되겠다. 사탄에 지면 안 되겠다. 세상에 지면 안 되겠다. 나 자신에게 지면 안 되겠다. 질병에 지면 안 되겠다. 그러려면 이기기 위해서 날마다 말씀과 기도로 깨어서 성령 충만함을 받아야 한다.

자녀들 앞에 늘 기도하는 엄마를 보여주고 싶다. 늘 믿음으로 사는 것을 보여주고 싶다. 늘 감사하며 사는 것을 보여주고 싶다. 늘 사랑의 가슴이 풍성한 자로 보여주고 싶다.

그러기 위해서는 먼저 내 아버지인 하나님의 사랑을 많이 받아야겠다.

나를 항상 기다리고 사랑하시는 하나님 아버지가 있기 때문에 나는 행복하게 살 수 있고 신나게 살 수 있고 힘 있게 살 수 있다. 또 당당하게 살 수 있다.

날마다 예배를 통해 말씀으로 다가오시는 인격의 하나님 아버지를 만나고 사랑의 음성을 들으면 하루가 신나고 힘있다. 은혜가 넘친다. 모든 것을 이긴다. 행복하고 모든 것을 누리며 산다. 모든 것을 다스리며 산다. 모든 것을 정복하며 산다.

이 얼마나 귀하고 놀라운지!

이 삶을 날마다 맛보지만 가끔은 예배를 통해 말씀을 통해 기도를 통해 주님을 못 만나면 주님의 사랑의 음성을 못 들으면 그 곤고함은 말할 수 없다.

보호자 없는 고아처럼 긴장을 풀지 못하고 염려, 근심에 싸이며 맘도 강퍅 해지고 생각도 부정적이고 말도 강퍅해진다. 이럴 때 한 마디씩 내뱉는 말에 가족들이 크게 상처를 입는다. 이럴 땐 하는 것마다 힘들고 하는 것마다 꼬이고 하는 것마다 실패하고 피곤하기 짝이 없다. 짜증이 난다. 영·육·혼이 다 아프고 신음한다.

그러나 은혜를 받고나면 첫째 감사가 넘치고, 기쁨이 넘치고, 모든 것이 긍정적이고, 적극적이고, 소망이 넘친다. 그래서 자녀가 부모의 음성을 매일매일 들어야 하고 듣고 자라야 하듯 아무리 바빠도 아무리 급해도 아무리 힘들어도 말씀의 주님을 먼저 만나야 한다. 거기서 사랑이 넘치고 거기서 힘이 나오고 거기서 소망이 넘치고 거기서 지혜가 나오고 그 말씀이 날마다 나를 살리고 고치고 일으킨다. 또 이끈다. 돕는다.

아이들이 아무리 재밌게 신나게 놀다가도 아빠, 엄마가 "밥 먹자. 집으로 돌아가자"라고 부르면 갈 곳, 갈 거처가 있기 때문에 그 모든 것을 던져버리고 돌아가듯 나에게도 주안에서 열심히 살다가 열심히 일하다가 주님 주신 분복 아래 살다가 주님이 부르면 갈 곳이 있으니 감사하다. 영원한 나의 처소가 있으니 감사하다. 하늘 아버지께로 본향으로 돌아갈 수 있으니 감사하다.

 ## 종말이 오기 전 서로 뜨겁게 사랑하자

예수님의 재림은 당연하고 지금이, 오늘이 내 육신의 종말이라면 내일은 내 것이 아니라 하나님의 선물이다. 내일도 선물을 주실지는 아무도 모른다. 오늘이 마지막이라면 더 이상 사랑할 수 없다. 또 부부가 누가 먼저 갈지도 모르는 것이다. 남편이 먼저 가도 더 사랑하고 싶어도 또 후회해도 소용이 없다. 더 이상 기회는 주어지지 않는다.

오늘 새벽 예배 시간 전에 앰프를 켜고 모니터를 켰다.

반주기를 바꾸고 나니 전기를 켜고 화면이 나오기까지 한참 시간이 걸리기 때문에 목사님을 도와드리려고 목사님 나오시기 전에 전기 스위치를 누르고 앰프를 켰다.

스위치만 누르고 화면만 켰는데 목사님이 강단에 서자마자 마이크 음이 울린다고 "뭘 만져 그러냐?"라며 이것저것을 조절하며 계속 투덜댔다.

난 속이 팍 상했다. 앰프 전기 스위치만 누르고 모니터 켜는 스위치만 눌렀는데 번번이 뭐가 잘 안되면 늘 내 탓을 했다.

"왜 이래 놨노?"

"왜 여기 놨노?"

왜? 왜? 왜?

그럴 때마다 너무 듣기 싫었다. 나름대로 이유가 있어서 그렇게 한 것인데 행동보다 말이 먼저 왜? 왜? 왜? 하고 앞서니 그럴 때마다 마음이 피곤하고 상처가 되었다.

다른 때 같으면 예배 때 눈 감고 설교를 다 듣지 않고 시험 들어 마음속으로 공격하고 미워하는 죄를 지었을텐데 오늘은 눈 뜨고 있다가 눈을 감아버렸다. 그래도 은혜 받으려고 속으로 "아멘" 했다.

예수님은 십자가를 앞에 두고 살려달라고 기도하지 않고 하나님의 뜻대로 해달라고 기도했다는 말씀에 귀가 쫑긋했다.

맞다! 잘 죽는 게 은혜고 복이다. 내가 죽지 않고 살아남아 있으니 지금도 감사치 못하고 시험 들고 공격하고 내 속에서 야단이었다. 그전에는 남편에게 시험 들면 몇일을 갔다. 남편 설교에 은혜도 못 받는다. 기도도 실패한다. 그런데 오늘은 그 정도는 아니니까 "조금 나아졌구나"라는 생각이 들었다.

새벽 예배 끝나고 기도도 하지 않고 유아실에 들어와 전기장판을 켜놓고 누워버렸다. 근데 마음속에서 여전히 감사가 나오고 있었다. 속상한 것보다 내가 조금 나아졌다는 것이다. 오전 6시가 되면 차량 운행을 하고 성도들도 다 가니 그때 일어나 말씀을 보고 은혜를 받고 기도하려고 기다렸다. 그때 일어나 단감을 깎아먹고 문을 잠겨놓고 기도 노트를 쓴다.

"주님이 거하실 처소는 깨어진 마음이라 했는데 지금 내가 깨어지지 않으니 내 마음에 내가 좌지우지하고 행동하고 있구나. 내 속에서 반항하고 깃발 들고 설치는 나를 보고 이런 나를 불쌍히 여겨달라고, 이 때문에 죄 짓지 않게 해달라고, 넘어지지 않고 시험에 들지 않게 해달라고, 상하고 통회하는 마음으로 예배해야 하는데 나를 이기지 못하고 졌구나"라고 생각한다.

"내가 살아 있으니 교만하구나. 내가 약하니 넘어지구나. 내가 깨어있지 않으니 시험들구나. 내가 시험을 못 이기니 영이 병 들구나. 감사하지 못하니 불평이 이기는구나. 내가 감사하지 못하니 사탄이 이기는구나.

"나는 곤고한 자로다. 이 사망의 몸에서 누가 나를 건져내랴"(롬 7:24).

주 예수 그리스도로 말미암아 이김을 받았으니 감사한다.

육의 소욕은 육의 피다. 영의 소욕의 예수님 피다. 예수님의 피가 충만해야 영이 강건하다. 영혼이 잘되어야 범사가 잘 되고 강건할 수 있다.

'주님! 예수님 피를 간구합니다. 예수님 피로 덮으소서. 성령의 불과 빛으로 덮으소서.'

 ## 미스바 대 각성기도 성회를 마치고

"하나님이여 침묵하지 마소서 하나님이여 잠잠하지 마시고 조용하지 마소서"(시 83:1)

"주는 선하사 사죄하기를 즐거워하시며 주께 부르짖는 자에게 인자함이 후하심이니이다 나의 환난 날에 내가 주께 부르짖으리니 주께서 내게 응답하시리이다"(시 86:5,7)

한국교회 본질과 통일을 위해 이 미스바 대 각성기도 성회를 위해 2주 전부터 날마다 기도를 준비했다.

우리 교회는 매일 오후 3시에 우리 자신들의 신앙 본질 회복, 한국교회 본질 회복과 통일을 위해서는 날마다 기도를 해왔다. 지금은 국가적으로는 위기요 교회적으로 위기요 가정적으로 위기임을 날마다 느끼며 간절히 부르짖었다.

성도님들이 호박죽을 정성스럽게 끓이고 전날 성전 대청소와 정리 정돈을 정성스럽게 하며 준비했다. 성도들이 날마다 오후 2시반 쯤 와서 3시부터 찬양과 기도, 말씀의 은혜 받고서 보통 오후 6시 넘어야 귀가한다. 7시까지 기도하는 성도도 있다.

성도들은 새벽 기도, 낮 기도 또 성회 준비, 더러는 김장까지, 보통 바쁜게 아니었다. 하지만 모든 성도들이 은혜가 넘치며 성령 충만했다.

토요일 새벽 기도를 마치고 집사님들은 집에 가지 않고 오전 10시부터 오후 5시까지 미스바 성회를 했다. 점심은 금식하면서 기도를 했다. 이 기도회를 마치고 오신 모든 분에게 호박죽을 섬기기 위해 준비하느라 바빴다. 부드러운 호박죽에 찹쌀떡, 귤, 차 등을 준비하느라 바빴고 난 계속 기도를 했다.

북한이 핵이며, 화학 무기며, 땅굴 등으로 전쟁을 위한 만반의 준비를 끝내고 전쟁 시작 지시만 기다리고 있는 이때에 하나님의 도우심이 아니면 막을 길이 없다. 우리 남한도 만반의 준비를 하고 있지만 죽기 살기로 달려드는 저들을 어떻게 막으랴. 그리고 북한은 죽여야 할 대상이 아니다. 구원 받아야 할 대상인데 전쟁이 일어나면 남북한의 무수한 백성이 희생되고 죽을 수밖에 없는데….

오! 하나님! 북한을 구원하소서

저들의 전쟁 도발의 모든 계획과 계략들이 어리석게 하시고 핵무기가 무용지물이 되게 하시고 모든 땅굴이 낱낱이 드러나게 하시고 중단되게 하시고 끊어지게 하시고 온전히 묶이게 하시사 이미 파놓은 모든 땅굴이 무너지게 하시고 무용지물이 되게 하소서.

전쟁의 모든 무기들이 무용지물이 되게 하시고 남북이 주님 안에서 평화통일이 되어 북한에도 마을마다 교회가 세워지게 하시고 구원의 역사가 일어나게 하시고 회복의 역사가, 축복의 역사가 일어나게 하소서.

남북이 복음으로 하나가 되어 주님의 재림을 앞두고 남북으로 말미암아 세계에 복음을 전하는 제사장 나라가 되게 하소서.

이것을 방해하는 모든 악한 세력을 다 제거하시고 하나님 나라가 남북한에 든든히 세워지게 하소서.

북한이 저렇게 전쟁의 세력이 커지게 하심도 하나님의 허락 하에 있었군요. 남한의 성도들의 죄와 타락으로 하나님의 진노의 막대기로 북한을 사용하시는 줄 믿습니다.

진노 중에라도 긍휼을 베푸시는 주님께서 이 전쟁의 재앙을 돌이키게 하는 한 명을 구하고 계신 하나님. 의인 10명이 없어 소돔 고모라성이 멸망했는데 오늘도 타락한 한국을 구원키 위해 의인 10명을 찾으시는 주님. 이번 미스바 성회가 주님이 찾으시니 의인 1명, 의인 10명이 되게 하소서. 먼저 나부터 마음을 찢고 가슴을 찢고 재를 무릅쓰고 회개하게 하소서. 애통한 심령이 되게 하소서. 상한 심령이 되게 하소서.

아간 한 사람 때문에 작은 전쟁에도 이스라엘이 대패한 것처럼 주여! 내가 아간입니다.
하나님의 명령에 불순종했습니다. 욕심 때문에 좋은 것을 골라 취했습니다. 변명했습니다. 용서하소서.
주님! 내가 요나입니다. 하나님이 주신 사명을 거절하고 불순종하여 딴 길로 갔습니다. 원수가 망하기를 바랐습니다. 원수를 용서하지 못했습니다. 원수를 사랑하지 못했습니다. 원수를 위해 기도하고 축복하지 못했습니다. 용서하소서.
지금 북한은 남한을 괴롭히고 삼키려는 원수이지만 저들을 용서하고 구원하소서. 사랑하고 축복하겠습니다.

 주님! 내가 아나니아이고 삽비라입니다

하나님의 것을 도적질한 자, 감춘 자, 성령을 속인 자입니다. 내 욕심 때문에, 내 계산 때문에, 인색해서, 아까워서, 얼마를 감춘 나입니다. 수없이 성령님의 감동을 받았지만 나는 아나니아 삽비라보다 더 악한 자입니다. 저들은 얼마만 감추고 하나님께 드렸지만 나는 전혀 순종 안 한 것도 너무 많습니다. 용서하소서.

주님! 혈기로 애굽 사람, 이스라엘 사람을 쳐죽인 그 살인자 모세가 바로 나입니다. 혈기로 과격한 말로 얼마나 많은 자를 죽였는지도 미워하는 것도 살인이라 했는데 나는 날마다 죽이는 일만 했습니다. 주님은 내가 저질러놓은 것을 날마다 살리는 일만 했네요. 가까운 가족부터 내 주변 모든 사람들에게 얼마나 죽이는 일을 했는지요. 셀 수가 없나이다. 용서하소서.

주님! 아브라함이 아내를 동생이라고 팔아먹는 그 죄, 그 허물이 내 죄와 내 허물이요 내 실수입니다. 내가 위험할 때 내가 힘들 때 내 입장이 난처할 때 얼마나 변명하고 남을 탓하고 원인과 죄를 다른 사람에게 전가했던가요? 순간 위기를 면하려고 거짓말 했던가요? 이것이 한두 번이 아닙니다. 수없이 하므로 체질이 되어 조금만 난처한 일이 생기면 나도 모르게 본능처럼 핑계와 거짓말이 자동으로 나옵니다. 아, 어이할꼬? 주님! 용서하소서.

주님! 고멜의 죄가 내 죄입니다. 내가 고멜입니다. 내가 음녀입니다. 신랑 되신 예수님을 두고 틈만 나면 나가서 바람을 피우는 이런 나를 늘 찾으러 다니신 주님. 이런 나를 값주고 다시 사오신 주님.
주님! 환경에 문제나 어려움이 생길 때면 원망하고 불평하고 탓하는 이스라엘 백성의 죄가 내 죄입니다. 내가 그랬습니다.

주님! 은혜 받을 때는 내가 죽을지라도 주님을 떠나지 않겠다고 호언장담하고 실제적인 손익 앞에서, 때로는 목숨의 위험한 일이 생길 때, 두려울 때, 예수님을 세 번 부인한 베드로의 죄가 내 죄입니다. 그 베드로가 나입니다. 베드로는 세 번이지만 나는 셀 수가 없나이다.

주님! 바울과 마가가 사역 중 심히 다투어 갈라지는 죄가 내 죄입니다. 양보하지 못해, 내 의가 강해, 손해 보지 못해, 내 고집 때문에 하나님의 일에서 갈라진 지가 한두 번이 아닙니다. 오, 주여 용서하소서.

주님! 주님의 종을 "대머리, 대머리"라고 놀리다가 땅이 벌어져 삼키움을 받은 저들의 죄가 내 죄입니다. 주의 종을 외모로 판단하고 대머리라고 못났다고 부족하다고 성질 못됐다고 내 마음에 안 맞다고 부분 부분을 손가락질하며 조롱하고 비웃은 일이 한두 번이 아닙니다. 주님, 용서하소서.

보는 것마다 잘났다고 판단, 못났다고 판단, 잘한다고 판단, 못한다고 판단한 이 죄를 용서하소서.

주님! 내가 가룟 유다입니다. 예수님을 팔아먹은 자, 내가 가룟 유다입니다. 돈 때문에 예수님을 팔아 먹은 것이 한두 번이 아닙니다. 늘 돈이 이기고 예수님을 팔고….

주님 용서하소서.

주님! 불의한 청지기의 죄가 내 죄입니다. 주인 것을 가지고 호의호식하며 낭비만하여 주인의 것을 다 까먹었습니다. 먹고 입고 마시고 사치, 낭비, 게으르고 잠자기 좋아하고 일하지 않고…. 주님 용서하소서.

주님! 집 나간 탕자가 나입니다. 주님! 주님은 구별됨을 원하시는데 섞인 것을 원치 않는데 나는 늘 섞인채로 살고 있습니다. 옛사람과 새사람으로, 육의 사람과 영의 사람으로, 내 의와 하나님의 의로, 율법과 은혜로, 어둠의 빛으로, 순종과 불순종으로, 참선지자와 거짓 선지자로, 성령의 소욕과 육체의 소욕으로, 염소와 양으로, 넓은 문과 좁은문으로, 좋은 씨와 가라지로, 모래 위에 지은 집으로 또 반석 위에 지은 집으로, 청함 받은 자와 택함 받은 자로 섞인 채로 살았습니다.

주님 나를 도우시고, 용서하소서. 그리고 구원하소서.'

아브라함이 부지 중에 세 천사를 만나 극진히 대접할 때 하나님의 할일을 가르켜 주신 주님. 아브라함이 이 천사들을 알아보고 영접하고 자기 집으로 강권적으로 모시고 와서 극진히 대접한 것처럼 오늘의 대성회가 우리 교회에 찾아온 세 천사였다.

이것을 깨닫게 하신 주님께 감사하며 "그럼 아브라함처럼 어떻게 극진한 대접을 할까" 하고 기도하며 찾았다. 아무리 성전 대청소를 하고 오신 분들 대접하기 위해 온 성도가 바쁘며 열심과 정성으로 준비하지만 이것이 주님 보시기엔 극진한 대접이 아니었다.

하나님은 미가서 6장 6-8절의 말씀을 주셨다.

하나님은 그 어떤 것보다 "오직 정의를 행하며 인자를 사랑하며 겸손하게 네 하나님과 함께 행하는 것"이라고 했다. 오직 정의를 행하는 것도 예수님 피밖에 없고 인자를 사랑함도 예수님 피밖에 없고 겸손하게 나의 하나님과 함께 행하는 것은 오직 예수님 피밖에 없음을 깨달았다.

"내가 드릴 것은 우리가 드릴 것은 오직 예수님 피뿐이구나. 하나님도 가인과 아벨의 제사에서 아벨의 제사를 그와 그의 재물을 받으셨다, 열납하셨다 했는데 하나님께 열납되는 제사는 어린 양의 피, 예수님 피밖에 없구나."

'먼저 나의 이 모습 이대로 예수님의 십자가 앞에 나아왔습니다. 나에게는 오직 죄밖에 나오지 않습니다. 아무리 애를 써도 아무리 지혜를 동원해도 나를 파고들면 들수록 죄와 허물, 실수뿐입니다.

오, 주님! 내가 하나님 앞에 나아감은 오직 예수님 피뿐이군요.

내 심령에 성령이 계신 지성소인데, 내 심령에 어린 양되신 예수님 피를 뿌려 주세요.

나의 인방 좌우설주 즉 나의 영육혼에 주님의 보혈로 발라주소서.

주님의 의를 이스라엘 백성에게 부은 것 같이

나에게 부으소서.

주님의 보혈이 내 심령에 차고 넘치게 하소서.

저수지가 되게 하소서. 강물이 되게 하소서.

그 보혈에 나의 영육혼이 온전히 잠기게 하소서.

물이 바다를 덮음같이 나이 영육혼이 덮임을 받게 하소서.

그리하셔서 오늘 이 미스바 성회에 나와 그 재물,

즉 나와 그 예수님의 피를 인해 주님께 온전히 열납되게 하소서.

오! 하나님, 하나님을 극진히 대접하는 것은 오직 예수님 피군요. 예수님 피밖에 없군요. 예수님의 십자가의 피가 재물이 되셔서 그 피에 적셔진 자들만의 재물과 그 사람들을 받으시는군요.

이 은혜를 알게 이 아침 말씀 주신 주님, 오늘 미스 바 대성회에 나온 모든 성도들의 심령에도, 영육혼에도 오직 예수님의 피를 뿌리고 바르시고 부으시고 채우사 오늘 이 성회가 영적 라마나욧이 되게 하소서.

어떤 자가 동참하더라도 하나님에 감동되어 놀라운 역사가 일어나게 하소서. 또 이 귀한 은혜, 하나님의 축복을 받은 것을 새어나가지 않게 뺏기지 않게 세상 유혹에 넘어가지 않게 모세의 갈대 상자에 진을 칠한 것처럼 주님의 보혈을 영육혼 교회, 가정, 가족에 온전히 바르고 뿌리고 덮게 하소서.'

나는 아침 7시가 넘도록 기도를 했다.

성도들은 새벽 기도를 마치고 부엌에서 호박죽을 끓이고 여러 가지 준비를 하고 오전 7시 30분쯤 집으로 갔다. 그리고 10시부터 시작이지만 준비 기도를 해야 했기에 한 시간 전에 교회에 도착했다. 새벽에 주신 하나님 음성을 약속으로 부여잡고 1시간가량 통성으로 부르짖어 기도를 했다. 그날은 우리를 위해 하나님이 베푸신 잔치였다. 시간 시간마다 눈물로 부르짖는 역사들이 일어났다. 오전 10시부터 오후 5시 30분까지 한 성도도 나가지 않고 참석하되 7시간 반이 분초같이 지나갔다. 모두에게 성령이 충만했다.

우리가 날마다 부르짖어 기도함은 예수님께서 "하나님 약속 기다리라"라고 하신 말씀을 들은 500명 중 120명이 그 약속을 기다리며 기도에 힘썼던 것 같이 "우리에게도 오늘이 오순절 성령의 역사가 이곳에 임하게 하소서"라고 한 기도가 응답된 것 같다. 감사와 기쁨이 넘치며 하나님께 영광 돌렸다.

북한이 아무리 핵무기와 땅굴 등으로 전쟁을 완벽하게 준비해도 전쟁은 하나님께 속한 것이다. 전쟁의 재앙을 돌이키사 남북이 주안에서 평화통일이 되게 하소서.

 ## 뇌졸중으로 쓰러진 목사님 병문안을 갔다와서

멀쩡하셨던 분이 새벽 기도를 갔다 와서 갑자기 쓰러져 의식을 잃었다고 했다.

뇌수술을 하고 의식이 돌아오지 않은 채 누워계셨고 면회 시간에 맞춰 가서 남편 목사님이 손을 얹고 기도하는데 나도 팔에 손을 얹고 기도를 했다.

기도할 때 내 몸이 뜨거워지며 열이 났다. 기도를 하면서 감동과 깨달음이 왔다. 피가 깨끗지 못하면, 피가 탁해 제대로 돌지 못하면 나도 갑자기 저렇게 될 수 있다고….

우리의 머리는 예수 그리스도신데 예수님 보혈로 온전히 채워져야 하는데 죄의 피로 오염되면 피가 깨끗지 못하고 탁할 수밖에 없다. 예수님 피만이 깨끗한 피인데 모든 병은 신호가 먼저 온다. 뇌졸중도 머리가 아프다든지 손발이 저리다든지 쥐가 자주 난다든지, 어지럽든지 하는 증세가 있다고 들었다. 2~3개월 전 남편 목사님이 쓰러진 목사님과 이야기하던 중 그런 증세가 있음을 알고 "큰일 납니다. 빨리 조치를 취해야 합니다. 한순간 무너집니다"라고 말씀드렸다고 했다. 그렇게 방법을 가르쳐드렸는데도 예사롭게 듣고, 또 들어도 실천하지 않으면 막을 길이 없다.

영적으로 뇌졸중 상태에 있는 사람이 얼마나 많은가?

이미 위험 수준에 도달한 자도 많고, 이미 쓰러져 의식이 없는 자도 많고, 수술했지만 돌아가신 분도 많고, 또 반신불수가 되었든지, 식물인간처럼 누워있든지, 인지 기능이 없든지….

하나님 앞에 내가 뇌졸중 환자가 아닌가? 생각했다.

한국 교회 성도들이 하나님 앞에 영적인 뇌졸중, 주님의 백성들이 하나님 앞에 뇌졸중 환자라면, 의술도 방법이 없다. 오직 하나님만이 고쳐주셔야 한다.

'주님, 나를, 한국 교회를 한국의 모든 주님의 종들, 주님의 백성들의 이 병을, 이 영적인 병을 고쳐주소서.

주님, 한국 교회를 살려주소서.

죽기 살기의 기로에 놓여 있습니다. 주님밖에 없습니다. 불쌍히 여기시고 고쳐주소서.

주님! 이 나라, 이 민족을, 한국 교회를, 주님의 종들을 살려주소서.'

망망한 바다 한가운데서 배 한 척이 침몰하게 되었습니다.
모두들 구명보트에 옮겨 탔지만 한 사람이 보이지 않았습니다.
절박한 표정으로 안절부절 못하던 성난 무리 앞에 급히 달려 나온 그 선원이
꼭 쥐고 있던 손바닥을 펴 보이며 말했습니다.
"모두들 나침반을 잊고 나왔기에…"
분명, 나침반이 없었다면 그들은 끝없이 바다 위를 표류할 수 밖에 없을 것입니다.

우리는 삶의 바다를 항해하는 모든 이들을 위하여
그 나침반의 역할을 하고 싶습니다.
우리를 구원하신 위대한 주 예수 그리스도를 널리 전하고 싶습니다.

"하나님은 모든 사람이 구원을 받으며
진리를 아는 데에 이르기를 원하시느니라"
(디모데전서 2장 4절)

이루 말할 수 없는 수만 가지 감사들

지은이 | 옥덕자 원장
발행인 | 김용호
발행처 | 나침반출판사

제1판 발행 | 2021년 8월 1일

등   록 | 1980년 3월 18일 / 제 2-32호
본   사 | 07547 서울특별시 강서구 양천로 583
          블루나인 비즈니스센터 B동 1607호
전   화 | 본사 (02) 2279-6321 / 영업부 (031) 932-3205
팩   스 | 본사 (02) 2275-6003 / 영업부 (031) 932-3207
홈   피 | www.nabook.net
이   멜 | nabook365@hanmail.net
일러스트 제공 | 게티이미지뱅크

ISBN   978-89-318-1622-8
책번호 가-9083

값은 뒤표지에 있습니다.